湖北工程学院教学研究项目"湖北工程学院学前教
方案设计的研究"（课题编号：2018C16）

儿童感觉统合游戏
理论与实践探索

旭 红 著

中国海洋大学出版社

·青岛·

图书在版编目（CIP）数据

儿童感觉统合游戏理论与实践探索/旭红著.-- 青岛：中国海洋大学出版社，2023.7
ISBN 978-7-5670-3565-2

Ⅰ.①儿… Ⅱ.①旭… Ⅲ.①游戏课—教学研究—学前教育 Ⅳ.① G613.7

中国国家版本馆 CIP 数据核字 (2023) 第 131729 号

儿童感觉统合游戏理论与实践探索
ERTONG GANJUE TONGHE YOUXI LILUN YU SHIJIAN TANSUO

出 版 人	刘文菁
出版发行	中国海洋大学出版社有限公司
社　　址	青岛市香港东路 23 号　　邮政编码　266071
网　　址	http://pub.ouc.edu.cn
责任编辑	郑雪姣　　　　　　　　电　话　0532-85901092
电子邮箱	zhengxuejiao@ouc-press.com
图片统筹	河北优盛文化传播有限公司
装帧设计	河北优盛文化传播有限公司
印　　制	三河市华晨印务有限公司
版　　次	2023 年 7 月第 1 版
印　　次	2023 年 7 月第 1 次印刷
成品尺寸	170 mm×240 mm　　　印　张　9.5
字　　数	218 千　　　　　　　　印　数　1～1000
定　　价	68.00 元
订购电话	0532-82032573（传真）　18133833353

发现印刷质量问题，请致电 18133833353 进行调换。

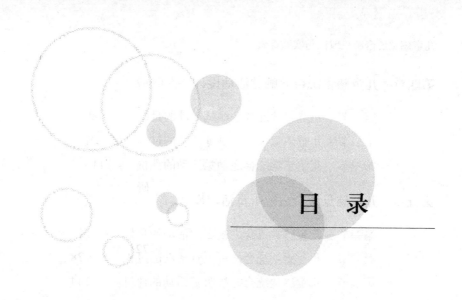

目 录

第一章 儿童感觉统合的发展理论

第一节　国内外儿童感觉统合的研究现状

一、国内研究

陈甘讷、傅桂英、陈希宁、王劲、祝翊铭（2008）认为，幼儿期是儿童心理发展最好的塑造时期，儿童的语言能力、气质、态度和感知功能都快速成长，其中，气质与儿童的品行问题密切相关，和感觉统合有联系的还有幼儿的行为问题。因为儿童的成长环境不同，他们的气质类型也不同，可以分为易养型、中心偏易养型、启动迟钝型、中心偏难养型、难养型五种。调查结果表明，在易养型儿童中，感觉统合正常的儿童所占的比重最高，而重度感觉统合障碍的儿童比重最少。在启动迟钝型的儿童中，感觉统合障碍的儿童的比重超过了60%。在难养型儿童中，有感觉统合障碍的儿童最多，超过72.2%，包括中轻型有47.2%，重度25%。这说明了个人气质类型和儿童感觉统合障碍有相当大的联系。

陈玉茜、单大卯（2001）认为，感觉统合训练方法是一项动作练习矫正法，它是一项由许多心理元素构成的综合性的活动，将游戏引入感觉统合的训练方法中是非常有价值的，它不仅能够增进儿童认识，提高儿童认知和观察力、儿童记忆力、逻辑思维、观察力、创造性以及儿童语言技能的开发，而且有利于儿童健全人格与健康心理的发展。对儿童进行合理科学的体育锻炼，有利于儿童感觉统合的发展。

刘珊珊（2021）认为，感觉统合训练对 5 ～ 6 岁儿童体能的锻炼与发展有很好的促进作用。实验发现，男生在速度方面和力量层面都比女生要强一些，女生的平衡素质和柔韧素质比男生的好，这都是普遍现象。感觉统合训练和正常的体育课程相比，更有利于促进儿童的体能发展。

肖华（2021）在《感觉统合训练在学校体育课程中的运用分析》一文中指出，感觉统合紊乱的根源是神经受到损伤或者摄食过多含铅食物，这些都有可能干扰神经系统正常运作，进而引起感觉统合紊乱。另外，儿童缺乏感官刺激，也有可能引起感觉统合紊乱。感觉统合障碍除给儿童造成生理上的问题之外，还会给儿童造成心灵上的障碍，如极易产生孤独、焦虑，和别人产生矛盾，无法和同龄人友好相处，并影响与教师和父母的人际关系。他主张儿童感觉统合训练要增加对体育游戏活动的关注程度，把体育锻炼与感觉统合练习结合起来；把学生的安全放在首位，利用体育游戏设计学生可以进行的运动动作，并考虑游戏的难易程度和时长；合理地使用体育器材，丰富学生运动器材的运用方式，如将跳绳运动扩展到跳大绳和舞花绳；提高学生思维神经系统的功能，如体育教师可以把学校操场上的塑胶跑道设计为曲线，甚至设置为迷宫，从一个起点出发，如果能在最短的时间里到达终点就算获胜。另外，体育老师应注意各个年级间的区别，给各个阶段的学生提供不同的运动教学，引发学生兴趣，并增强学生的主动性。

王君枝等从神经生理学研究发现，感觉统合失调儿童的主要问题是前庭系统功能障碍。他们可能在阅读、书写、语言表达等方面存在困难。姿势、眼球动作控制不佳的儿童难以保持平衡，难以注意眼前事物的细小变化。两侧整合发育不好的儿童常伴有手眼协调不佳、身体平衡困难等问题。前庭觉辨识不佳的儿童喜欢旋转身体。触觉区辨识不佳的儿童在被他人碰触身体时反应迟钝或者没有反应，他们常会避免和他人身体接触。感觉统合失调的儿童往往很难集中注意力，容易发呆、失神，严重时会影响课堂秩序。根据儿童的问题与需求，将感觉统合训练融入课堂教学，针对本体觉加入了"粉红塔"活动，发展视觉辨别能力和感知能力，而五指抓、二指抓等活动可以发展手眼的协调性。针对触觉加入了触觉板、温觉板，通过触摸不同温度和光滑度的板来培养儿童触觉的敏感性。通过走直线来发展前庭觉和手眼动作的协调性，培养儿童步行的平衡感。及时适量的感觉统合训练有利于儿童的发展，但是在城市普通家庭和农村家庭还没有普及。

赵典夏（2021）认为，儿童期儿童经常参与感觉统合活动，能够更有效地防治感觉统合紊乱。感觉统合功能紊乱的重要原因有先天原因与后天原因。其中，先天原因一般是胎位不正，而后天原因则相对较多，包括越阶发展运动，没有爬就直接走。感觉统合于儿童来说越早期参与越好。让儿童在参加各种感觉统合训练的过程中，也要重视儿童身体发展特点。家长应让婴儿多听各种音量适中的音乐，以及大自然或生活中的各种声音，让婴儿辨别各种声音。感觉统合的训练不仅仅针对感觉失调的儿童，更多感觉统合正常的儿童也可以进行科学的感觉统合训练。虽然感觉统合训练研究在不断发展，但是感觉统合训练在我国的普及率还是不高。

二、国外研究

Amira Hussin Mohammed 等（2017）对 30 个自闭症儿童展开调查，把儿童分为了两组：第一组是虚拟现实组，对虚拟现实组儿童开展关于手眼协调和动作时机的训练，通过前期设计的 5 种游戏，包括拳击、保龄球、高尔夫、网球和棒球。第二组为感觉统合组，为感觉统合组儿童提供了以下游戏材料：①触觉输入的材料，包括气泡和喷雾风扇；②前庭输入的材料，包括秋千、平衡板、蹦床和跷跷板；③本体感觉输入的材料，包括模型黏土和加厚垫子。实验结果发现，虚拟现实组儿童的精细运动技能发展迟缓，运动问题是虚拟现实组儿童的主要缺陷。这些缺陷对儿童的日常生活产生了很大的影响，并损害了儿童的社会融入能力。感觉统合组为运动认知和社会有发育障碍的儿童建立了一个干预并提供了一个有用的平台，通过运动刺激唤醒神经元，并允许大脑重组。结果表明，感觉统合疗法和虚拟现实疗法对自闭症儿童的运动发展都有促进作用，感觉统合疗法在自闭症儿童康复治疗中的效果明显优于虚拟现实疗法。

LijunJiang 等（2017）为自闭症儿童设计了 5 种感觉统合训练工具，通过设计有趣的玩教具增加自闭症儿童的游戏兴趣，提高训练效果。第一步：判断自闭症儿童是否有偏好。第二步：开展声音偏好实验，在一个安静的房间开始实验，有一名被试、一名实验者和一名治疗师，在桌子上放置两个有不同按钮的盒子，选取 4 种类型的 8 种声音，此外还有 8 种音量相近、持续时间不同的声音，不同按钮对应不同声音，在被试儿童熟悉声音后，发出指令，使其按下喜欢的按钮。第三步：材料偏好实验，探讨被试的物质偏好，选择木头、纸、亚克力和毛球，实验结果表示有机玻璃是最受欢迎的。第四步："天空盒子（Skybox）"实验，它由 Arduino 、电池组、变压器、扬声器和 4 个红外避障传感器组成，Skybox 可以减少自闭症患者的分心，Skybox 对自闭症患者的吸引力可能会在一段时间会下降，但是它提高了训练效果。本实验在于帮助自闭症患者良好地融入社会，在实验过程中自闭症患儿积极使用智能产品，这是一个非常好的表现。

第二节　儿童感觉统合能力的发展阶段

根据发展阶段的不同，儿童的感觉统合能力大概分为三个阶段。

一、3 岁前儿童感觉统合能力的发展

感觉统合能力发展的第一个阶段是在 3 岁以前，这是儿童智力发展的感知运动阶段。新生儿大脑的结构和功能在这一时期都在进一步发展，脑电波的改变是新生儿大脑发展的一个主要标志。其中，同步节律波 α 波为新生儿大脑发育成熟的重要标志。在此阶段，新生儿身体的构造与功能，也处于发育的过程中。在此阶段，宝宝可以做出的虽只有为数不多的反射性运动，但各项运动的健康发展是其内在基础，也是其身心健康发展的外在体现。刚满 2 个月的婴儿就开始能够用头和臀部的转动使躯体屈曲。3 个多月的婴儿开始产生巴宾斯基反射和一些像吮吸反射和抓握反射的运动。防御反射、吞咽反射、眨眼反射和强直性颈反射是 5 个多月的婴儿逐渐获得的。调查表明，0～3 个月的婴儿一共具有 73 种条件反射，其中，原始反射是从人一生下来就存在的，包括生存反射和原发反射。生存反射有眨眼反射、吮吸反射、呕吐反射和瞳孔反射等，而原发反射有退缩反射、肛门反射、手掌抓握反射和身体旋转反射等。婴儿可以通过触摸周围环境来了解并适应周围的环境。在这个时期的婴儿已经初步掌握了运动的基本认知，这一阶段的婴儿已经建立了运动图式。从 3 个月开始，宝宝就已经可以识别简单的图形，在 9 个月之前就掌握了形状的恒常性。大小知觉的恒常性是婴儿在 4 个月之前就已经掌握了的，分辨物体大小的能力是婴儿在 6 个月以前就已经获得了的。

　　儿童的语言发育是连续发展的。3 岁以前，儿童语言发育主要包括语言认识、言语认知和语言表现三方面。语言是以词为单元、以语法为构成规律所产生的一个抽象体系。婴儿说出一个和某种事物有一定指代联系的词语，它象征了语言的出现（皮亚杰，1959）。0 ～ 1 岁是婴儿语言发展的准备阶段。在这个时间段，婴儿的语言感知水平、发音能力和对话水平都有不同程度的提升，从而产生了咿呀学语、以非语言的方式发音和姿态交流的能力特征。1 ～ 3 个月为单音节阶段，婴儿可以根据不同的语音信息作出不同的语言反应；到了第 4 ～ 8 个月婴儿进入了咿呀学语的状态，由于语音信息多为以辅音与元音结合的语音信息为主，婴儿也开始能够识别说话的节律与音调等特点，并开始通过周围语言环境改变来调整自身的语言结构；9 ～ 12 个月则是语言的发展阶段。通过一年的语言发展过程，幼儿开始能识别语言中的各种音素，并将听懂的语言转变成声素并理解了这种语言所表示的含义。12 ～ 24 个月可以称为语言的发生发展时期，13 ～ 18 个月幼儿就可以表达较短的名词，如说"牛奶"，幼儿可能表达自己要喝牛奶或者说他把牛奶撒到地上去了。此外，幼儿在给物体命名的时候还容易泛化，他们将毛茸茸的猫咪或者小兔叫"毛毛"，当幼儿遇到狗狗的时候，就容易将毛茸茸的狗狗叫"毛毛"。这个阶段的幼儿在发音的时候容易出现错误，如将"姑姑"喊成"dudu"，将"哥哥"喊成"dede"，这些错误会随着年龄的增长而慢慢消失。19 ～ 24 个月进入双语句阶段，幼儿对词汇量的掌握不断变得丰富，他们对世界开始好奇，就会经常问成人"这是什么呀？""它为什么叫这个？""这是用来干什么的呀？"此外，他们也开始讲"电报句"，如"妈妈抱抱"。24 ～ 30 个月，幼儿的发音错误开始下降，使用语言的能力开始增强，并且可以更顺利地表达自己的想法。成人问："上厕所去了没有？"孩子说："我去过厕所了。"30 ～ 36 个月是幼儿口语能力初步发展的阶段，幼儿的语言体系已经基本建立，并学会了最基本的关于母语的语法规范系统。这标志着幼儿语言学习的成熟。

二、3 ～ 6 岁的儿童感觉统合能力的发展

　　感觉统合能力发展的第二个阶段是在 3 ～ 6 岁的幼儿期，儿童的脑部生长发育速率最快，人均脑重在不断提高。在 3 周岁时，儿童的平均脑重就达到了 1011 克；在 7 周岁，儿童的平均脑重就达到了 1280 克，而且已接

近一般成人的脑重（平均为 1400 克），同时大脑皮质结构和功能更加复杂化。对大脑生理学的深入研究发现，儿童脑重的增加不仅由于神经细胞大量增殖，而且由于神经细胞构造的复杂性和神经纤维分支的高度增殖。由于儿童的神经纤维数量不断增加，额叶表面积的增长率以 2 倍速度生长，儿童到 5～7 岁后，也有明显增加；此后维持在一种比较稳定的状态。同时，神经纤维的髓鞘化也在逐渐完成，这就需要对神经系统兴奋的信号传达得比较精确、快捷。大脑皮质抑制功能的发展是大脑皮质功能发展的主要标志之一。因为新生儿大脑皮质的抑制功能发展并不完善，在行为表现方面会具有较大的冲动性。但是因为儿童不断成长，大脑皮质抑制功能越来越健全，兴奋与抑制越来越趋向协调，这使得儿童逐渐可以在一定程度上掌控自己的活动。

3 岁的幼儿已经掌握了母语的基本口语，但幼儿期也是幼儿语言不断丰富发展的重要阶段，幼儿词汇的成长主要体现在单词数量上日益增多，单词的内涵也不断丰富，同时幼儿的汉语拼音能力、单词、句法和口语表达能力也获得了很大的发展。一般 3～6 周岁，幼儿的成长各个时期都有不同的特征。3～4 岁的幼儿听觉上的分辨能力较弱，对近似音难以辨别，如"十是十，四是四，十四是十四。"幼儿在发音时会出现词语相互代替的现象，如把"姑姑"说成"dudu"，把"哥哥"说成"dede"。4～5 岁的儿童发音器官发展基本成熟，能正确发音，但也有少部分幼儿对"zh、ch、sh"发不准，"j、q、x"发不准，有前后鼻音的问题，这些可能是由于发音位置或口腔开合度错误导致的。5～6 岁的儿童发声器官已完善，可以分辨不同嗓音间的差异，也能做到正确发音。儿童到 4 岁已经基本能学会母语的所有发音。朱曼殊教授有关儿童形容词发展的研究成果也证明，在儿童 2 岁时学会的主要是形容物体大小、高矮等形容词；2.5 岁时，儿童开始使用形容动作、味道、温度等感觉形容词；3 岁时，儿童能形容人的高矮、是否开心或是否生气；4 岁之后，儿童运用形容词来形容事物的能力快速发展，4.5 岁儿童开始用形容词来形容事物发展的状态。随着不断成长，儿童掌握的抽象词汇逐渐增多。

三、7 岁到青春期时的儿童感觉统合能力的发展

感觉统合能力发展的第三个阶段是 7 岁至青春期阶段。在这一时期，儿童新陈代谢旺盛，处在身体成长的阶段，儿童必须从外部摄取更多的营养，以适应身体发育的要求。体重，肌肉的强度、耐力，肺活量等增长都比较

快，但儿童的骨骼还没有完全骨化，肌肉的力量还不强。因为儿童的骨骼中钙、磷等无机物不充分，骨骼有一定韧性，但并不坚硬，容易扭曲变形。特别是脊柱的软骨损伤成分较丰富，骨盆还未完全骨化。这时儿童的肌肉虽在逐渐生长发育中，但大多纵向生长发育且肌纤维较细。儿童肌肉的力量和耐久性均较成人差，易疲乏、心率减慢，但呼吸能力显著提高，肺活量也明显提高。中小学生的平均心率为 80 ～ 85 次 / 分钟。身高发育也相对稳定，身高平均每年增长 4 ～ 5 厘米，体重平均每年增长 2 ～ 3.5 千克。

儿童神经发育在这一时期显示出均匀和稳定的特征。进入学校后，学习活动也渐渐成为学生的主要活动。小学的学习活动都在教师有组织、有计划的引导下完成。和儿童期的游戏活动相比，小学的学习活动既有更多的社会化、目标化和系统化，又带有一定的强制性。儿童既能在一起玩耍中学会相互帮助，也能学会互相学习，这是能够促进儿童发展的。儿童进入学校的目的是学习。为了让学生认识到这一目的，教师必须合理地组织教学活动，在教授知识的过程中培养学生的学习兴趣。但是学生在学校不能完全按照自己的意志和兴趣爱好进行学习活动，很多活动和想法被限制，这体现了强制性，主要是学校和教师为了更好地规范学生的行为。

进入小学后，亲子关系出现了转变，老师与家长的陪伴在儿童的交往中占据最关键的位置。在小学中，家长和孩子在一起的时间很少，而且家长对孩子的管理能力也降低了，这让儿童有了更多时间投入学校去结交新朋友，认识新老师。小学生同伴交往的一个重要特点就是开始建立友谊。美国儿童心理学家塞尔曼（Selman，1980）将儿童友谊发展划分为五个阶段。第一阶段（3 ～ 7 岁）是还不稳定的阶段，儿童还没有形成友谊的观念，他们相信朋友是生活在一起的，学习也是在一起的，在他们眼里朋友是可变的，上午还是好朋友，下午或许因为某些事情就会绝交。第二阶段（4 ～ 9 岁）是单方面帮助的阶段，儿童认为小朋友如果能听进去自己的想法，并且能够帮自己做自己想做的事情，他们就会成为朋友，有时候他们会将友谊当作筹码，如"如果你能帮我做这件事，我就做你的朋友""如果你欺骗了我，我们就不再是朋友"。第三阶段（6 ～ 12 岁）是共同帮助的阶段，儿童会了解友谊具体是什么，但是还会带有明显的目的性，他们还不能清楚地了解真正朋友会共同面对困难的真正意义。第四阶段（9 ～ 15 岁）是亲密共享的阶段，儿童已经开始进入青春期，他们的友谊关系已经逐渐变得和谐稳定，并且发展为朋友的概念。在这一阶段朋友之间会相互倾诉秘密，并且喜欢两个人一起活动和玩耍。第五个阶段（12岁以后）是友谊发展的最高阶段。他们开始扩大交友的范围，能够同时拥有好几个朋友，并且也能够接受朋友有其他的朋友。在这一阶段师生关系是十分密切的，也非常重要。幼儿园老师和小学教师一样都非常负责，但是小学教师比较严格，他们不仅要教授学生知识，还要不断地学习新知识，给学生解答疑问。良好的师生关系能够促进学生学习，增强学生对教师的信任感，从而更加认真学习。

小学生的个人心理发展是十分迅速的。小学时期是儿童心理塑造、心理发展的重要时期。一是由于心理机制进一步加强，对儿童的兴奋程度与控制不断提高，他们的条件反射不断地发展健全，第二信号系统也在不断发展。二是心理动力的转化。儿童进入小学后，学校活动开始由游戏活动转为以学习为主的活动，学生进入学校的目的和动机开始深化，学生学习的态度也开始发生转变。三是认知活动的不断发展。学生的感觉、知觉、思维、记忆都是在不断发展的。林崇德等人的调查显示，小学二年级的学生在推理能力方面开始有很大的发展，从二年级开始，孩子可以同时观察两个规则，五六年级的学生可以不受问题形式的影响，从根本上掌握问题的逻辑规律。但是小学生注意力不稳定、不持久，很难长期注意同一种事情，易被其他事物所吸引。学生对事物的认识相当笼统，往往重视物体外表的形象，却看不到物体本身内部的关系和特征、内涵，对时间与空间的观念也相当模糊。比如小学生可能分不清方向，在写作业时会把答案写错位置，本来是要写第三题，却写成了第四题。

第三节　儿童感觉统合的发展

一、0～3岁感觉统合的发展

儿童感觉统合的发展是有阶段性的，0～3岁是儿童生理发展最快速的时期。婴儿时期就已经开始获得视觉能力，并形成了最初的颜色视觉。婴儿第四个月时就已经开始产生了对色彩的偏爱，本体觉在6个月时就已经出现并发展了。同时，听力、味觉、嗅觉和触觉也已经开始逐步发育。新生儿出生时就基本具备了听觉，6个月之前，婴儿就已经基本具备了平衡听力和肢体活动的能力。婴儿能对不同食物做出一定的反应，通过嗅觉定位，婴儿可以利用口腔的触觉来区分大、小、软、硬等不同的乳头。3～6个月婴儿的视觉注意活动体现在运动上，而6个月以后婴儿的视觉注意活动则更多地体现在吮吸、抓握、操作当中。7～12个月时婴儿已经能做到移动身体，独自爬行，大脑已经能够接受触觉的刺激。1～3岁的儿童已经能做到独自走路、踢球、脱鞋袜和堆积木，儿童的平衡觉和前庭觉逐渐成熟，更趋完善；能够通过听声音用眼睛追随声音的来向。为了适应儿童大脑的快速发育，在这一时期的感觉统合应该多采用前庭觉、触觉和本体觉等多方面的训练，在儿童时期就要给予儿童拥抱、抚摸，陪伴他们，带他们去体验大自然，增加他们触觉的敏感性；经常呼唤他们的名字，给他们讲故事、唱歌和听音乐来刺激儿童的听觉；让儿童玩积木、玩具，教孩子穿衣服来促进儿童触觉的发展，也可以摇晃发出响声的玩具并变换玩具的位置来锻炼婴儿的听觉和视觉。

二、3～5岁感觉统合的发展

3～5岁处于中级感觉统合阶段。在这一阶段儿童的神经纤维不断增加，大脑皮质构造更加复杂，神经元构造更加复杂，神经纤维分支数量增多、长度增长，大脑五个语言区发育成熟并建立相应的联系。儿童大脑各区成熟的顺序是：枕叶—颞叶—顶叶—额叶。在这一阶段，儿童喜欢荡秋千、滑滑板、玩积木、玩木头人等游戏，这类游戏能够很好地锻炼儿童的平衡能力（本体觉），腿脚协调、手眼协调等能力，以及促进触觉、听觉等的发展。这也是幼儿语言、智力、体能、性格形成的关键时期，感觉统合学习对于儿童各方面能力的形成、发展与完善都是非常重要的。各种感觉信息随着神经系统传送到大脑，在经过统合之后就形成了注意力，记忆力逐渐提高，并产生了对事件的认识、评价。记忆学习经验主要体现为意愿力、记忆力、动作协调性、手眼协调性、情感稳定性。人能够利用意愿力管理自身的行为活动，有目的地实施行为，不要拿儿童没有接触过的物品，然后再把物体装入只能伸进一只手的盒子里，让幼儿按照要求摸出相应的物品，以此来锻炼幼儿的触摸能力。

三、5～7岁感觉统合的发展

5～7岁儿童的感觉统合能力已经发展得非常完善，高级感觉逐步发展，进入了高级感觉统合时期和脑成熟时期。5岁时的儿童，其大脑已经基本发育完成，大脑中神经元的连接增多，同时一个新的神经元发展阶段开始出现：突触修剪。突触修剪是将单独的神经元或神经元间没有用的或没有连接过的突触清除。突触修剪的出现使得大脑功能开始分化。本体觉、前庭觉、触觉、视觉、听觉变得更加细分，功能越来越强。在研究儿童对于逻辑过程推理方面，杨玉英教授（1983）运用比赛得奖游戏的方式，发现5岁组儿童中大部分（62%以上，平均为75%）都能够完成逻辑推理活动，儿童逻辑推理的方式也从展开式向简约型过渡，而且儿童逻辑推理的方式也随着年龄变化而不同，儿童喜欢的游戏有荡秋千、攀爬、滑滑梯、悬挂单杠等，这可以锻炼儿童的体力、耐力、身体协调能力以及平衡能力的发展。

综上所述，儿童感觉统合的发展情况汇总如表1-1所示。

表 1-1　儿童感觉统合的发展情况

发展阶段	统合感觉发展情况
出生前	5周以后：发展触觉
	9周以后：发展前庭觉
第1个月	感觉系统发展成熟，尤其前庭觉
	借由感觉建立关系（触觉、本体觉）
	眼睛和颈部的发展帮助进一步发展其他能力
5～6个月	前庭觉促使头部直立
	视觉追踪稳定
	前庭觉、本体觉、视觉整合
	4～6个月开始抓东西吃，双手在身体中线玩：视觉、本体觉、触觉整合
	6个月时原始反射开始整合，主动动作开始，脱离反射影响
7～12个月	开始有移动能力（爬），发展身体形象
	操控精细物品：触觉、本体觉、视觉、前庭觉整合更加优良
	听觉增加：开始发出声音，控制学习话语
	自我喂食：逐渐开始使用工具
1～3岁	走路进步，动态平衡控制精致化
	触觉分辨能力、精细动作控制逐渐进步
	身体形象、动作计划能力更趋完善：有利姿势变换
	喜欢模仿以获得新的感觉经验
	开始思考怎么玩、怎么操作，促使动作计划能力进步
	自我概念发展更好，对环境更有影响力
3～6岁	为神经可塑性的高峰期，各项能力更为进步
	由强烈内驱力引导做出较高难度的适应性反应：高活动量
	视觉动作整合优良：剪贴、画图
	胜任以及产生自信的感觉

第四节　儿童感觉统合的游戏发展

一、触觉的发生和发展

遍布在人体肌肤上的神经系统细胞受到来自外界的温热、潮湿、痛楚、压迫、振动等方面的刺激，经过大脑接受刺激形成了触觉。在众多感觉刺激中，触觉刺激的频率是最高的，全身的皮肤一直都有源源不断的刺激并被传送到大脑中。狭义的触觉，是指刺激轻轻接触皮肤触觉感受器所引起的肤觉；广义的触觉，还包括增加压力使皮肤部分变形所引起的肤觉即压觉，一般统称为"触压觉"；是人类第一个发展的。0～4岁是人类触觉成熟发展的重要时期。人的触觉发展早到胎儿还在母体子宫里的时候就已经开始了，对触觉的培养可以从新生儿开始，母亲通过不断地抚摸婴儿的身体，来促进婴儿的触觉发展。4～5个月后就发展起了比较娴熟的够物行为，视、触觉也趋向协调，随着年龄增长，儿童的能力也进一步发展，触觉已成为20个月之前儿童探究世界的主要手段。

从生理学的角度来看，触觉发展主要受外界刺激、触觉接收器、大脑的影响（图1-1）。父母对孩子的培养不当，不带孩子体验大自然，缺乏对触觉的体验，易导致孩子触觉失调。触觉失调一般分为触觉过度敏感和触觉低度敏感两种类型。触觉过度敏感的儿童，他们的反应速度通常比较快；触觉过度敏感是由于所受到的触觉刺激不足，导致接收到的刺激可能是错误的，对于普通儿童来说可能是无关痛痒的刺激，但在这些儿童身上就是很大的刺激。触觉低度敏感的儿童往往反应迟缓，他们意识不到自己穿衣不整齐，对于磕磕碰碰反应不大，忍耐力较强。他们在生活中或玩耍时容易抓伤或咬伤他人。但是他们可能在接收信息时处理较慢或者不及时，导致反应迟缓。因此，父母要格外关注孩子的触觉发展。（图1-2）

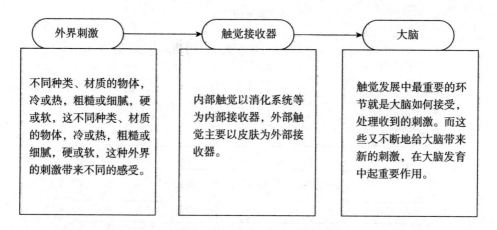

图 1-1　触觉的发生

儿童触觉敏感的表现：

第一，对平常的事情没有多大的耐心，脾气急躁，可能会无缘无故发脾气，即使很小的事情也会大发雷霆。

第二，做事情难以坚持，马马虎虎，很难把一件事情从头到尾地做完，再简单的事情也不行。

第三，对于理发、洗头、刷牙甚至是剪指甲也会非常地抗拒。

第四，不愿意跟人近距离接触，如牵手、拥抱、搭肩。

第五，胆子小，不愿意出现在聚会等拥挤的场合。

第六，做事情马虎，特别粗心。

第七，抗挫折能力特别差，不能接受失败和批评，自尊心特别强。

第八，只喜欢穿特定面料，穿着舒服的衣服，不喜欢更换。

第九，怕生，安全感较差，不容易安静下来。

第十，伴有挑食、偏食等不佳的餐饮习惯。

触觉发展的过程

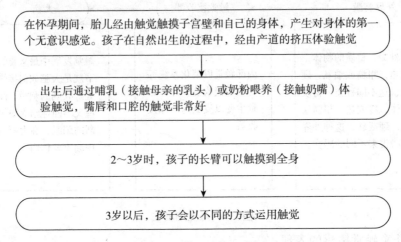

图1-2　触觉发展的过程

儿童触觉迟钝的反应：

第一，对衣着不整齐反应不敏感，就算是脸上沾了米粒、擦上了灰也不能及时发现。

第二，对温度的冷热变化反应不敏感，缺乏自我保护的能力。

第三，对轻微的擦碰和伤口反应不敏感，即使伤到了也没有多大的感觉。

第四，对触觉类游戏的兴趣普遍不高，如手指画、堆沙子、感觉箱。

第五，对物体的大小、厚薄、是否光滑等感觉不明显。

第六，有书写困难，难以操控精细物体。

针对儿童触觉问题，可以通过让孩子们多接触大自然，多参与体验游戏，以促进孩子们的触觉发展。促进触觉发展的游戏：

第一，摸摸看。给儿童展示不同的物品（如小球、圆柱体、梳子、方块、积木），不要展示儿童没有接触过的物品，然后把物体装入只能伸进一只手的盒子里，让儿童按照要求摸出相应的物品，以此来锻炼儿童的触摸能力。

第二，烹饪课。让儿童充分利用双手，搅拌面糊，揉搓面团或者肉饼。

第三，堆沙子。让儿童充分利用想象力，发挥双手的创造性，用沙子堆成各种形状。

第四，手指画。鼓励儿童在手指头上沾上颜料。为了让儿童有不同的感受，可以将细沙放进颜料中，增大摩擦，鼓励儿童画不同的图形、字母、数字，即使孩子已经弄得"乱七八糟"，仍然可以用手擦掉错误，重新再画一遍。

二、平衡觉的发生和发展

平衡觉是由人体做加速或减速的直线运动或旋转运动引起的。平衡觉的感知器在内耳的前庭部分，而前庭平衡觉则是使用内耳的 3 对半规管以及耳石（碳酸钙凝聚体）来感受地心动力，并掌握其头部在活动中的相对位置以及保持身体的平衡。在人体的感觉系统中，前庭系统是最早发展成熟的感觉，从胎儿期开始，胎儿的前庭感觉就迅速开始发展，8～9 周就正式开始显现，到 10～11 周便正式开始发育并完成基本动作。5 个月时就能够感知母亲的全身运动。1～3 个月时婴儿能够感受到自己的身体以及身体运动。4～6 个月时，婴儿可以做抬头的动作。7～9 个月时，婴儿就会活动于全身，并会在活动过程中学习空间结构。（图 1-3）

> **胎儿期**
> 婴幼儿的前庭觉发展大概在受精 8~9 周后就已形成，10~11 周左右开始做动作，
> 5 个月时可以感受母体的身体运动

> **新生儿**
> 新生儿对移动有明显的感觉，并会做出反应

> **出生 1~3 个月**
> 宝宝能感受到自己身体和重力的感觉，可做出相当多的顺应性反应

> **出生 4~6 个月**
> 宝宝头部非常有力，可以抬头和转头。6 个月大时，宝宝可以同时抬头、挺胸，
> 并将手臂和腿抬离地面，依靠肚子来平衡全身

> **出生 7~9 个月**
> 宝宝由仰卧转换至趴着的姿势、能移动身体，并在移动过程中学习空间结构和距离概念

图 1-3　平衡觉的发展过程

前庭觉失调容易出现的几种表现：

第一，运动问题。平衡感不良、运动协调能力差。

第二，协调性问题。肌肉不平衡，很难双手或双脚进行一致的运动。

第三，空间感问题。对环境的感知、判断等有困难。

第四，语言问题。说话很晚，而且说话含糊不清，没有组织性与逻辑。

第四，视觉问题。视觉统合不足，眼睛运动比较障碍，视野追踪、视觉判断等都有问题。

第五，专注力问题。难以集中注意力，吃饭的时候想要玩游戏，写作业的时候想要抠手，脾气不好，喜欢摔东西。

第六，大脑双侧分化问题。肢体的交叉运动有障碍，肢体双侧协调不佳，在左右手交换动作时，不能有效掌握方向，等等。

第七，孩子不喜欢做双脚离地的活动，如让孩子从滑梯的高处往下滑，孩子就会大哭，就是不往下滑。

第八，旋转后眼球震颤时间短。抱起孩子做原地旋转大约 10 圈后，看孩子的眼球有没有左右或上下颤动，如果有但时间短，或根本没有，说明前庭功能失调。

前庭觉属于深感觉，前庭失调是最易被人们忽略的地方，但又对儿童的心理危害较为广泛。有利于前庭觉发展的几项游戏如下。

第一，平衡运动。让孩子踩平衡板、走平衡木、走直线、倒退走路或骑平衡脚踏车来锻炼平衡觉。

第二，旋转运动。让孩子在游乐园坐旋转木马；让孩子双手交叉，捏着鼻子和对侧的耳朵，在原地转 3 圈；让孩子坐在大转盘里，父母转动大转盘，让孩子体验旋转。

第三，跳跃性运动。让孩子穿戴好安全护具，引导孩子走上安全床，在上面跳跃；让孩子两个人一组，用绳子绑住两个人靠近的左脚和右脚，两个人肩并肩并搂着对方的肩膀，从出发点跳到终点再跳回出发点。

第四，摇晃运动。通过仰卧位、侧卧位、头脚翻转等动作简单地完成荡秋千、吊床等活动，父母也要配合孩子进行前后左右方向的转动或摇晃，并注意在晃动的过程中不要逆时针摇晃。

三、本体觉的发生和发展

本体觉，又被叫作人体地图或身体形象，深感觉是指一种人类有意识或不自觉地感知人体空间部位的感受，它是人类自身所存在的固定感受，是来自于一个人体内在的对肌腱、关节运动的感受，也就是了解肢体的空间部位和运动方式的感受，如对肌肉的掌握，手眼配合、手脑配合，2～3岁的幼儿都乐于模仿，而且幼儿的学习意识也非常强。3～4岁儿童的体格迅速发展，跳跃动作对儿童来说非常关键，而且对培养本体觉的好处很多。如连续双脚跳跃、开合大跳、兔子跳能锻炼他们的下体本体觉。另外，手提重物、扛背包、推椅子，也可增强臂力和上肢的本体觉。如果大脑对手部肌肉调节不良，儿童写字速度就会很慢，歪歪扭扭，甚至把字写出格子。如果儿童手耳不协调，儿童在听课、书写的时候也很容易犯错误。当教师还在将讲课的时候，儿童很可能还在书写，甚至在默书的时候，听到与写出来的不一样。当儿童全身运动不协调时，大脑对人体的控制也不协调，儿童上课时就容易扭来扭去、抠手、左顾右盼做小动作。

本体觉失调的常见表现如下。

第一，粗心马虎，写作业的时候容易将答案写错位置或看错题。

第二，喜欢在课堂上左顾右盼或抠手指头，写作业的时候喜欢发呆，不能集中注意力。

第三，方向性不好，容易走丢，在黑夜中，极易跌倒，不能辨别方向。

第四，动作缓慢，做事效率低，耗时长，总是想着做别的事情。

第五，口吃，说话含糊不清，没有逻辑性。

第六，平衡能力差，上课喜欢趴在桌子上，坐不稳。

锻炼本体觉的游戏：

第一，钻山洞。用纸箱搭建山洞，纸箱要足够牢固，让幼儿能够从中爬过去，锻炼幼儿的手脚协调能力。其次还可以携带物品前进，如一个小木棍或者小球。

第二，学倒水。给孩子准备三个杯子，其中有两个相同的大杯子，还有一个相对比较小的小杯子，往一个大杯子里装上水，但不装满，让孩子用小杯子给另一个大杯子装水，水不能撒在外面，直到与之前大杯子的水的刻度一样为止，锻炼孩子的本体觉与手眼协调能力。

第三，翻跟斗。在地上铺上海绵垫子，让孩子在海绵垫子上翻滚；

第四，盲人敲鼓。蒙上眼睛，向前走去敲鼓或其他能发出声音的东西。

第五，蒙上眼睛，大人扶着向前走。

第六，用脚尖后接脚跟的方法走路时，较易走直线。

第七，大人用语言指导方位。

第八，用攀登架、爬网来锻炼攀爬和手眼协调的能力。

第九，嵌板厨。锻炼手部精细动作能力，发展区辨形状的视觉能力。

第五节 儿童感知运动能力发展的特点

视觉、听觉、触觉、味觉、嗅觉，这些身体基本感觉从产生、传播和接收，在生物学过程大体上都是这样的：当特殊的感觉器官和神经细胞上特殊的受体收到外部刺激，便形成了动作电位，而这些视觉信息又沿中枢神经突触向周围中枢神经系统传播，再抵达脑部特定部位，便形成了特殊的感觉。用眼睛去认识世界是我们一贯的方式，其实触觉在日常生活中也是不可或缺的，通过触摸可以了解物体的大小、厚薄，了解物品是否具有危险。此外，触觉也是具有情感意义的，不仅在于人与人之间，还在于动物与动物之间。

一、触觉的实验研究

20 世纪 50 年代末，美国威斯康星大学动物心理学家哈里·哈洛做了一系列"恒河猴实验"实验，将刚出生的小猴子和猴妈妈及同类隔离开。一些小猴子与母猴分开喂养后，虽然身体上没有什么疾病，可行为上却出现了一系列不正常现象。

哈洛将刚出生的猴宝宝残忍的和母猴分开，用铁丝做了一个代母，它胸前有一个可以提供奶水的装置；然后，哈洛又用绒布做了一个代母，但是没有安装奶水装置。几天后，意想不到的事情发生了，猴宝宝对可以提供奶水的铁丝妈妈并不依恋，只在饥饿的时候过去喝奶，其他大部分时间，都是粘着没有奶水装置的绒布妈妈。现在很多小婴儿、幼儿对毛绒触感的物品非常依恋，这种现象在初入幼儿园时期特别容易显现，有了科学实验的支撑，我们更加理解了孩子这种寻求安全感的方式。这个实验到后来，哈洛发现那些代母抚育大的猴子，不能和其他猴子一起玩耍、不能交配孕育后代，并且呈现出特别自闭孤独的状态。于是哈洛对代母进行了更逼真的改良，他制作了可以摇摆的代母，根据哈洛的学生、后来成为著名的猴类研究专家的伦纳德·罗辛布林的话说：这样哺育大的猴子基本上正常，它们每天都会有一个半小时的时间和真正的猴子在一起玩耍。由此，哈洛升级了他对"爱"的诠释：爱不仅源于接触、还需要运动和玩耍。

一系列"恒河猴实验"证明什么是"爱"。之所以选择恒河猴作为实验对象，是因为恒河猴的基因有94%与人类相似。爱，源于接触、拥抱、亲昵。家长不要错过婴儿出生后与成人建立依恋关系；爱，不是静止。爱，需要在运动中流动起来，有互动、有传递、有回馈的爱，孩子们更容易感受得到。

雷根斯堡大学（University of Regensburg）研究人员费比安哈马舍（Fabian Hutmacher）和克里斯多夫库班德纳（Christ of Kuhbandner）有关触觉记忆的研究表明：由触觉产生的记忆，比人们原来所猜想的要复杂和持久得多。在这项研究的第一个实验中，被蒙住眼睛的参与者需要在一个小时内"用触觉去摸索"（haptically explored）150多件家居用品。实验期间，参与者会拿起或者触碰到一系列的厨房用具，文具，以及其他的一些物品。他们需要用10秒钟的时间，亲手去感受和研究每一件物品。紧接着，每位参与者都需要完成一个记忆测试，参与者需要全程保持蒙眼状态。在这个测试中，每一件实验里出现过的物品，以及另一件和它基本相似，但实验里没有出现过的物品（如两个基本一样的餐匙），都会依次呈现在参与者面前。参与者必须在两件相似物品之中，确定哪一件才是他之前在实验里触碰过的物品。如果在实验刚刚结束后立马进行记忆测试，有94%的参与者能够从两件相似物品中，选择出正确的那一个。他们只需要简单地触摸一下那个物体，就可以近乎完美地分辨出来。实验结束的一周后进行记忆测试，参与者的平均准确率仍然高达85%，几乎没有人遗忘。由此看来，触觉能够产生非常详细和精准的记忆；这些记忆也长期地保留在了大脑内。所以在需要对一些具有实体的事情加以识记的时候，不妨尝试触摸来学习和记忆。不需要刻意地死记硬背，只是通过观察和体会，就能够在潜移默化中记住某些事物的特征与状态，而且所需的时间很短还能够记得很牢固，不会被轻易忘记。

黄华生（2022）在感觉统合训练对6岁儿童静态平衡和动态平衡能力的影响研究中，采用平衡垫、平衡板、平衡跷跷板等静态平衡器材对6岁儿童进行静态平衡训练，对照组采用过河石、平衡走道、平衡圆体能摇滚圈等动态平衡器材对6岁儿童进行动态平衡训练。训练的安排：训练16周，每周上 3 节课，每节课的时间是 40 分钟。结果显示：6 岁是儿童平衡能力矫正和提高的重要时期。静态平衡训练中，儿童可以更好、更长时间地用脚掌感触地面，调整身体的重心位置，静态平衡训练可以训练专注力，增强他们的自信心。而动态平衡训练中，儿童经常会出现手脚不协调，不容易控制行走速度，容易出现失衡。如果动态平衡器材例如过河石之间距离较远，也会使初学平衡训练的儿童产生恐惧和害怕心理。经过 16 周的实验发现，感觉统合训练对 6 岁儿童平衡能力的提升具有积极作用，实验组采用静态平衡训练的儿童实验后平衡能力提高很多，对照组采用动态平衡训练的儿童平衡能力有一点进步，但是总体成绩提高不明显。这说明静态练习可以提高儿童的平衡能力。在给 6 岁儿童进行的感觉统合训练中要先进行静态平衡训练，再进行动态平衡训练，这样可以有效地培养儿童的协调意识。

二、皮亚杰的发展阶段理论

皮亚杰提出影响发展的四个基本因素为：①成熟；②练习和经验；③社会经验；④平衡化。成熟主要是指机体的成长，特别指神经系统和内分泌系统的成熟。儿童的某些行为模式的出现依赖于一定的躯体结构和神经系统的机能，生理上的成熟为儿童进行更加高级的行动和思维准备了一定的条件。但是，成熟不是决定条件，让儿童认知层面得到更快更好的发展仅仅依靠成熟是远远不够的。只凭借神经系统的发展，并不能简单说明数学中"2+2=4"的计算能力和演绎推理功能是怎样形成的，通过不断的练习与学习获得经验才能真正有意义地促进其发育和成长。神经系统的成熟只对于某一阶段的可能性的发展有推进作用。

练习和经验指个体对物体施加动作过程中的练习和习得的经验的作用。它分为物理经验和逻辑数理经验。物理经验包括声音的强弱、物体是否光滑和粗糙、物体的冷热程度等从物体中抽取出来的特征。逻辑数理经验是指对动作与动作之间相互协调关系的理解。皮亚杰举了一组实例来说明这个逻辑数学知识：他的一位数学家好友，小时候常常在海滩上玩鹅卵石，他将 10 块鹅卵石排成一列，看到了无论从哪边数都有 10 块，接着他就将鹅卵石排成了其他的样子，如排成圆形、四方形，数起来的数量也一直不变，所以就得到"数量与顺序无关"的结论。

社会经验指在社会中人与人间的互动，以及对社会文化的传承。社会经验包括社会生活、知识、语言等，在儿童的生理、心理成长中发挥了巨大的作用，为儿童的发展提供了准备条件。但是它又不是完全必要的。不论儿童的学习条件如何，就算他不会说话，具体运算的逻辑思维到 7 岁的时候都会出现。皮亚杰指出，虽然社会环境和教育条件确实能够促进或者延缓儿童的心理发展，但并没有对儿童的心理发展起绝对的影响。他认为，自我调节作用的平衡对于人的心理发展是起决定作用的。他指出，平衡过程指个人在自己日益完善的内在环境以及与外部环境互动中的调整过程，是一个浮动的过程。平衡过程是影响儿童心理发展的决定性因素。这种平衡是不断变化的，而不是静止的。当个体的认识图式无法同化为新的认知经验时，心智的不均衡便形成了。而每经历一个由不平衡到新的平衡，其认知内容便会发生新的变化。儿童会在每一次变化过程中得到发展与进步。

皮亚杰将儿童的认知发展划分为四个阶段：感知运动阶段、前运算阶段、具体运算阶段和形式运算阶段。他认为所有的儿童都会依次经历这四个阶段，新的心智能力的出现是每个新阶段到来的标志，而这种全新的心智能力又要求他们用更加复杂的方法来认识新事物；虽然不同的儿童以不同的发展方式经历这几种时期，但是他们不可能跳过某一个发展时期。

第一个阶段是感知运动阶段。0～2 岁儿童在这一阶段的认知活动主要是通过探索感知觉和动作之间的关系来获得动作经验。从出生到一个月时，新生儿的意识图式初步形成，开始有能力模仿动作。在 1～4 个月产生了初次循环反应，当婴儿把手指置于口腔中引起了吮吸手指的反射活动，行为引起了感觉，使感觉重复，从而产生了 S—F—S—F—S 的循环模式。在 4～8 个月产生了次级循环反应，它与初次循环反应的模式很相似，但是它的指向变了。比如皮亚杰观察他的儿子踢娃娃，他会停下来看着娃娃，经过多次的重复，他会发现自己踢娃娃和娃娃摇摆之间有关联。就像在婴儿面前摇拨浪鼓，拨浪鼓摇动发出响声，不断重复摇的动作，这些动作都在很短时间内发生，也不会持续很久。8～12 个月是有目的的协调时期，儿童在 9～12 个月逐步掌握了客体永恒性，它是个体认识活动过程的重要标志。当儿童认识到事物是作为独立实体而存在的，尽管个体还没有认识到事物的存在性，它依然是存在的。向儿童展示一种可爱的东西，儿童会伸手去够它。1954 年皮亚杰做了一项简单的试验：向幼儿展示一种他感兴趣的物品再将它隐藏。原来，儿童可以不去找这种物品，表明儿童相信当他不再发现或观察物品时，物品已经不在了。尽管他们看不见、摸不着，但物体仍然是存在的。直至大约一岁，他们通常都能找到一些他们看不到的东西。12～18个月的三级循环反应中，幼儿开始带着比较明确地看看效果的目标去反复行为，并有意识地调整自己的重复动作和观察效果。刚开始给婴儿呈现小饼干，婴儿把饼干掰断，重复这个动作很多次，下一步，给婴儿呈现小木棍的时候，婴儿就会把小木棍掰断，并把它分成很多段，这样重复多遍，重复行为已经被调整指向了更多的外部事物。18～24个月已经到了感知运动的末期，这时期，儿童使用内部图像和语言表征不在眼前的动作和事件，他们可以偶尔把这些特征结合一起并产生针对事件的处理方式。

第二个阶段是前运算阶段。这一时期为2～7岁。在前运算阶段，儿童在认知活动中获得的感觉运动状态可以内化成表象的形象模型。儿童不仅能使用语言、模仿、想象、符号游戏和抽象艺术来表现符号化的表征图式，还能运用某种事物代表或象征其他东西来描绘周围事物。这一时期的儿童也能较好地了解概念的概括性与一般性。儿童动作的发展对于自我内化也起着非常重要的作用。为了更好地表示内化，皮亚杰列举了一个实例：有次，皮亚杰带着3岁的女儿去拜访一位朋友，当时皮亚杰的这个朋友家有一位1岁多的男孩，正坐在儿童围栏中单独嬉玩，嬉玩过程中男孩忽然摔倒在地，紧接着便悲愤地大声哭喊了起来。当时，皮亚杰的女儿也惊讶地目睹了这情景，在口中"喁喁"发声。3天后在自己的家里，皮亚杰看到3岁的女儿仿佛照着朋友家1岁多男孩的样子，反复地摔倒了数次，而并不是因为摔倒而愤怒哭喊，只是略略失笑，并以一种愉悦的心情亲身感受了她在3天前所见过的孩子"游戏"的快乐。皮亚杰还表示，在3天之前朋友家男孩摔倒的动态明显早已内化在女儿的大脑中了。对于这一时期的儿童来说将自身与外部事物区别开来是有一定困难的，这个阶段的儿童认为外面的所有东西都是有感觉、有情感的。此时的儿童存在泛灵论现象，他们觉得自己踩在小草上，小草会疼，摘下一朵花，花会受伤、会哭泣。

在这一阶段，他们最主要的表现性思维的基本特征为：①相对具体性。根据相对的具体特征，通过表象进行思维，但还不能实现运算思维。②不可逆因素。儿童的意识活动有相对具体性，儿童的思维活动可以向前推进而不是向后推进，儿童在心理上能反向思考他们看到的事情，但是他们不能回忆起在事情变化之前具体的状态。③自我中心性。儿童相信在别人的世界与他所看到的相同，并相信世界是为了他而出现的。例如，儿童会想，"我走路，月亮就跟我走。""花儿开了，因为它想看看我。"④刻板性。主要体现为在思索眼前事情时，没有守恒概念，守恒是指无论物质形式怎样改变，其品质都是恒定不变的。皮亚杰曾做过"量杯实验"，在实验中给儿童提供一个高细玻璃杯，一个矮粗玻璃杯，两个玻璃杯容量相等，在两玻璃杯注入同样多的水后，儿童相信高的细的玻璃杯所装的一杯水比矮的粗的玻璃杯一杯水多。他们倾向于运用一种标准或标度，如长得多或高得多。5～6岁的孩子能关注事物某一刻的状态，即"形象知识"，不能关注事物的变化或者事物是如何变化的，即"操作知识"，不具有逆向思维。

第三阶段是具体计算阶段，从7～11周岁，随着儿童开始接触小学教育，其认知结构也进行了调整与改变。在具体计算阶段，儿童的另一个特点是时间守恒性。他们能在一个问题的所有具体过程中，把握其实质或根本的内容。而第二个特点则是能完成群集运算，群集运算中包含了组合性、逆向性、结合性、同一性、重复性五个方面。群体运算：①区群结构的形成。区群计算大致有类群集计算（类包含）和系列化区群计算两个。在类群集计算中，有关类群所涉及的问题，对于儿童来说，他们已能处理并了解类群和子类间的包含关系，比如，问儿童这个问题，苹果10个，而橘子有2个，究竟是苹果多一点还是橘子多一些，儿童会对此做出正确的解答。在系列化群计算中，儿童就懂得因为小棒A比小棒B长，B比小棒C长，所以A就比C高。运算即心理运算。这种计算的方式是内化了的、可逆的、有规律守恒条件的、有逻辑机制的行为。儿童的思想往往聚焦于相邻的关联事件之间的联系，而并非任意两个或多个事件之间的联系。他们的具体运算中出现了去自我中心，这在他们的社会化中是非常重要的标志，他们逐渐懂得从他人的角度看问题，而且他们开始掌握了时间、重量、体积和面积的守恒概念，如一斤棉花和一斤铁重量是相同的，长为5厘米、宽为4厘米的长方形和长为8厘米、高为5厘米的直角三角形的面积相同。

第四个阶段是形式运算阶段，儿童到了11岁以后，逻辑思维能力已经超出了对具体化可认识事件的依赖，并开始由具体化表象思维向抽象逻辑思维的转变，使表象在逻辑思考中摆脱开来，既体现在幼儿对事件的性质、内涵以及关联关系的认识上，也体现在幼儿的判断能力以及逻辑推理能力的建立与发展上。幼儿已经能作出假设—演绎推论，逻辑推理是不断地进行判断，然后找出其中的联系，在已经形成的判断的基础之上又提出新的观点，学生不但可以利用知识—概括的方法开展逻辑推理，而且可以利用假说—演绎推理的方法来解题。假设式思维对于这一时期的儿童来说是已经发展起来了的，通过逻辑推理、归纳或描述的方法来解题。向儿童展示一套实验设备：在这个设备上，有长短不一的绳索被固定在同一种横梁上面，而在这种绳索的末端则系着各种重物大小的东西。向被试儿童展示能使这个钟摆摇动的工具后，用手把系着重物大小的钟摆绳索拉紧并提高至规定长度，然后再放下，在作了演示之后，向被试儿童说明研究的具体任务：通过测定与钟摆摇动相关的 4 个参数，即绳索末端重物的数量、钟摆被抬起的位置、拉动钟摆的力度以及钟摆绳索的长短，判断这 4 个参数中究竟哪一个因素才是决定钟摆摇动速率的决定性因素，而钟摆绳索的长短也是决定钟摆摇动速率的决定性因素。少年期的小学生已经进入了形式运算阶段。小学生的思维得到进一步发展，他们可以运用演绎推理解决他们所遇到的问题。为了解决问题，它主要应该是从假设问题存在的所有可能性因素入手，并设想解决问题的所有可能性原因。其主要思维过程是，在他们遇到困难情况下，他们的思路主要是先利用"一般的理论"分析造成错误结果的所有可能性原因后，再建立假说，进而利用科学实验证明假说的真实性。

皮亚杰认为，每个儿童的认知能力成长均会经过这四大步骤。认知结构的成长是一个不断建立的历程，每个年龄阶段都有自己的构造，前一时期是后一时期的基石。

第六节　儿童统合训练的原则

感觉统合训练不是盲目的，而是按照一定的原则进行的，这些原则贯穿训练的始终，对训练具有十分重要的指导和推动作用。

一、顺应性原则

如果儿童的依从反应良好，就能促进组织协调能力的提高，让儿童的大脑处于一个有条理的状态。每一次的顺应性反应都会使感觉统合进一步发生，孩子试图顺应，以整合这些感觉，形成良性循环。

二、内驱力原则

内驱力是根据儿童的心理需求而产生的唤醒状态或紧张状态。前庭觉训练中注重内驱力的原则，可以使儿童努力改变现在，积极主动、自觉独立地参加训练。从游戏环境方面考虑，空间要合适，地点要安全，安全装备要充分准备，训练场必须与日常紧密相连。

三、快乐原则

良好的情绪有利于大脑思维的发展，所以教师在进行前庭觉训练时，要尽量满足儿童心理上的"愉悦"需求，让儿童在轻松愉悦的环境中，提高的前庭觉能力。从游戏本身的合理性考虑，训练时间、内容取决于儿童自身的接受程度形式要规范，要有趣味性。训练功能具有准确性和综合性，训练的实施具有可行性和安全性。

四、以儿童为中心的原则

在前庭觉训练中，教师以儿童的成长发育规律为中心，尊重儿童的差异发展，从儿童的角度学会看问题。从游戏参与主体考虑，训练时间、内容取决于儿童自身的接受程度，培养目标要有针对性和科学性，在训练方法上切合实际，操作性强，在训练过程中分层次、有步骤地进行。

五、培养信心的原则

自信是对前庭觉训练有好处的心理素质，所以教师经常以积极正面的表扬和肯定的目光鼓励儿童，使儿童感到愉快，并帮助儿童逐步培养训练的自信心。

第二章　儿童感觉统合之前庭觉活动设计

第一节　儿童感觉统合之前庭觉活动的目标

前庭觉是影响儿童成长、学习乃至身体发展的重要感觉之一。前庭器官位于前庭位于人体内耳骨迷路中部，参与传递视觉、听觉、嗅觉、味觉、触觉等信息，这些信息的处理中心是大脑中枢神经前方的前庭神经核。前庭神经核是大脑获取信息的守门器官，身体的任何信息要进入大脑，都必须经过前庭神经核的过滤和辨别。

一、前庭觉的生理基础

前庭觉与脑干、脊髓、小脑、大脑皮质等部位有着广泛的联系。(图2-1）投射区不仅包括前庭，还包括视觉和身体本体觉代表区，与空间定向知觉和高级运动相关。当前庭器官受到过度或过长时间的刺激，一般会引起恶心、呕吐、眩晕和皮肤苍白等现象，统称为前庭性植物反应。前庭觉的敏感性因人而异，女性通常较男性更敏感，更易出现晕车、晕船现象。

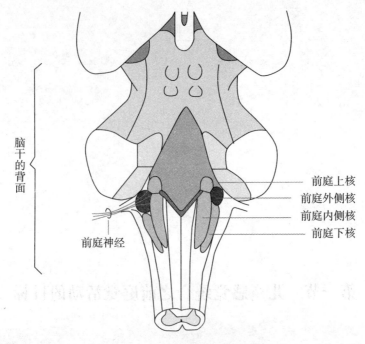

图 2-1　脑干的背面结构

前庭觉整体上有以下 5 个功能：

①综合输入的所有感觉信息；②侦察头部位置；③调节身体及眼球动作，特别是身体与重力的关系；④维持肌肉张力（肌肉处于活动状态），影响姿势及平衡反应的功能，特别是保持身体直立姿势的一组肌肉；⑤保持身体和情绪的稳定性。

因此，前庭觉掌管身体的平衡性和稳定性。如果平衡感不好，身体操作就会变得不稳定，好动不安。多动儿童的前庭觉发展一般不好。前庭也继发影响儿童语言的发展，因此前庭觉发展不好的儿童，语言能力的发展也受阻。前庭觉是大脑功能分化的重要部分，特别是在 3 岁左右幼儿的大脑功能分化中。

二、前庭觉失调的表现

艾尔斯认为，前庭觉失调的儿童，身体综合素质不高，也严重影响儿童心理素质的提高，还对儿童的智力开发、学习能力、性格、人际关系以及社会性等方面的发展都是不利的。

前庭觉不平衡的行为表现有以下几点。

（1）空间距离感觉不准，方向感不强，左右不分，鞋子易穿反，走到人多的地方就没有方向感。

（2）分辨不出相似的图形和物品，不会玩拼图。

（3）经常摔伤、撞墙、摔东西，跳箱、木马等技术动作笨拙，绑鞋带、系扣子等精细动作显得迟钝。

（4）就地转圈头晕目眩，敏感过度，怕翻越山沟，怕坐电梯，不敢荡秋千。

（5）上课注意力差，东张西望，喜欢做小动作，缺乏自制力，作业磨磨蹭蹭，发呆，爱写错别字、反字，经常颠倒着看书。

（6）任性、好动、黏人，喜欢捉弄人，任性、脾气暴躁，难以控制同学间的偶然冲突而违纪，造成人际关系紧张。

（7）与人合作很难得到乐趣，玩具和食物很难与人分享，考虑不到别人的需要。

（8）容易害怕挫折、丧失自信、悲伤、愤怒、过度兴奋等。

（9）有的儿童可能有语言发育迟缓、语速变慢、语言表达困难或语言表达不清等表现。

这些问题无疑会给儿童的学习和交际造成障碍。前庭觉失调的儿童通过测评，智商正常甚至超常，但大脑协调性差会影响注意力和记忆力，影响语言表达，影响人际交往，所以对儿童的学习、生活、运动都会产生直接的影响，对儿童正常的生长发育也会产生影响。另外，前庭觉失调的儿童，可能在年龄较小的阶段不容易外显，但一般到了学龄期，在学力、性格等方面就会出现障碍表现。

与其他正常儿童相比，前庭觉失调儿童可能在学习能力上显得很笨拙、人际关系敏感或社交萎缩、心理素质不佳，这些都让家长和教师十分担忧。家长和教师要及早发现儿童的这些行为问题，及时对儿童进行感觉统合训练。否则，会影响儿童的智力发育和学习能力的发展，造成儿童学习基础差，心理发育落后，人际交往困难，厌学、弃学、说谎等行为问题，甚至出现品行障碍，也有研究显示，前庭觉失调与成年后形成犯罪人格有相关性。

平衡能力是身体素质的综合能力，是人体保持身体重心、保持身体姿势的另一种能力。在日常生活中，任何运动都需要平衡能力的支撑，良好的平衡能力可以减少运动损伤的发生，因此要提高运动能力和自我保护能力的水平。平衡能力是衡量体质的基本指标之一。

影响人体平衡能力的因素主要由前庭功能、本体接收器、触觉、视觉等方面组成。要改善人体平衡控制的调节功能，必须不断提高儿童前庭系统功能和本体接收器能力，重点关注儿童平衡能力发展的需要，根据个体差异采取适当的方法进行训练干预，从而促进儿童快速成长。

平衡能力直接影响儿童的身体整体协调性，对儿童影响最大的是前庭觉功能练习，其次是听觉功能练习、触觉功能练习、本体功能练习和综合能力等各项练习。前庭觉训练是锻炼少年儿童平衡能力技能的练习。前庭觉训练是一项以游戏为主的运动项目。国内对儿童前庭觉训练的需求也在增加，前庭觉训练逐渐受到重视。根据儿童在日常生活中表现出来的问题，进行不同内容的感觉统合训练，通过有效的教学手段，将简单的训练器材进行科学合理的组合，锻炼和提高儿童的身体素质能力。各训练因侧重点不同，对训练的需求也不同，不同训练工具的组合可以进行相同的训练内容，这也是儿童偏好前庭觉训练项目的主要原因之一。因此，开发和设计新的前庭觉训练模式和方法成为新时代的要求。

三、前庭觉训练的目标

从实践的角度出发，开发新的感觉统合训练项目主要针对儿童平衡能力的发展以及儿童智力的发展。儿童经过前庭觉训练，平衡能力进一步提高，不仅改善了儿童的身体素质，而且促进了儿童的健康成长。

前庭觉训练不仅可以促进孩子发展肌肉张力，还可以促进儿童体态控制和平衡。如果张力低，儿童柔弱，懒惰，不喜欢移动；如果张力高，儿童肢体僵硬，动作困难，对儿童探索世界造成阻碍，影响认知发育。进行循序渐进的前庭觉训练，可促进肌肉张力良好发展，使个体平衡感更好。

第二节 儿童感觉统合之前庭觉活动的过程

平衡能力是保持身体素质的最基本能力，是人体活动中最基础的活动。在日常生活中，人们的站立和行走都是通过平衡进行的。前庭觉训练主要是以游戏为主的平衡项目，通过游戏锻炼儿童的平衡能力，激发儿童学习兴趣，不断提高自身身体素质。这样的游戏训练模式对儿童的平衡能力起到更大的作用，使有效的训练模式能获得最大的利益。

一、前庭觉游戏的发展

从 20 世纪 70 年代开始，作为西方发达国家的"儿童感统训练会馆"，前庭觉训练系统开始普及，在美国，每 100 所幼儿园就有 98 所幼儿园设立"儿童感统训练会馆"。感觉统合训练系统于 20 世纪 80 年代初传入日韩地区，90 年代初传入中国的港台地区。在台湾地区，幼儿园感觉统合培训体系普及率为 95%，100 个大型社区内设有 80 个大型"儿童感统培训馆"。可以说，感统训练受到了越来越多的关注。在中国大陆感觉统合训练厅的普及程度还不到 5%，但我们祖先早就为儿童创造了各种可以随时随地进行感觉统合训练的游戏，既不需要昂贵的训练设备，也不需要专门的场地。因此，无论是偏远贫困的山村，还是繁华的城市，都有很多儿童自发地进行感觉统合训练。

为什么现在的孩子很容易跌倒，撞到脸，撞到头，甚至跌倒骨折，因为现在儿童的大肌肉运动太少，缺乏四肢协调能力和身体灵活运动的能力。所以建议在使用高端游戏材料开发孩子多方面智能的同时，保留一些具有传承意义的传统游戏。其实这些看似简单的传统游戏，我们完全可以改变很多玩法给他们赋予新的形式。

二、前庭觉游戏案例

我国民间有很多儿童游戏非常有利于前庭觉训练。下面列举一些游戏活动实例论述其训练原理。

（一）跳房子

游戏目的：现在很多孩子被电子产品绊住了脚步，已经很少有孩子会玩这些传统游戏了，跳房子是在我国广为流传的一个传统游戏。这个游戏既简单有趣，又不受环境的局限性，可以让孩子通过一系列自主的探索活动，尝试迁移、运用各种经验对游戏的玩法进行再创造，使该民间游戏的玩法得以拓展，赋予民间游戏更丰富的教育内涵，同时还能锻炼腿部肌肉及跳跃、平衡能力。

游戏准备：沙包数个，红旗一面，布置活动场地图。

游戏过程：按格子里的数字顺序跳格子，沙包落在线上和线外就罚出场。

游戏规则：先在地上画一类似两个"品"字、一个"日"字组合起来的2米长、1米宽的图形，每人持一小沙包。玩时，一人先"做屋"，即以小沙包丢在第一格，然后以单腿自面前向远处格跳，每格只能落一只脚，遇到横向两格，双脚同时落下，各踩一格，有小沙包的不能落脚，只能跨跳过去。一直跳到顶端时双脚落地，然后跳回到起步处，再把小沙包丢到第二格，照样跳到顶格转回来，再丢小沙包至第三、第四格再跳，横向双格的丢小沙包顺序为先左后右。一直跳到小沙包丢到"天宫"（最顶格）返回后，便可做一座"屋"。若在跳的过程中踩线、跌倒或小沙包丢出界外，都属于挑战失败，应退出，改由对方跳。如此循环，做"屋"最多者为胜。

（二）编花篮

游戏目标：通过游戏培养孩子互相协调、团结友爱的精神。

游戏规则：①人数3人以上；②只要有一名小孩的腿落下来了，游戏又重新开始。

游戏规则：孩子们先手拉手站好，依次用腿编好"花篮"，开始游戏，边单腿跳边唱儿歌：

编，编，编花篮，花篮里面有小孩，小孩的名字叫花篮。

蹲下，起来。坐下，起来。一二谁出来，一二谁出来。

编，编，编花篮，花篮里面有小孩，小孩的名字叫花篮。

站得稳，跳得齐。

马兰花开二十一，二五六二五七，二八二九三十一；

三五六三五七，三八三九四十一；

……

九五六九五七，九八九九一百一。

伴随着熟悉的旋律，大家顺时针（逆时针）一只脚搭在一起，单脚跳完整首歌。

（三）"手推车"：

游戏目标：锻炼幼儿之间团结协作能力和前庭平衡能力。

游戏规则：三人猜拳决胜负，胜者先趴下做"车"，其余两人分别把胜者的小腿抬起，夹在身体的一侧做"推车"人，"推车"人不能太过用力，做"车"人要双手撑地走，注意选择在平整而清洁的地面进行游戏。

（四）跳四方

游戏目标：发展儿童动作的平衡性以及促进幼儿腿部力量的发展；遵守游戏规则，能按要求进行游戏，注意游戏时的安全性。

游戏规则：4人一组站在一起，分别面向东、南、西、北四个方向，各自左脚站地，右脚向后勾起，使4只脚掌相互交叉结合成一个"井"字，使之不会分开。然后4人同时单脚跳跃，双手拍掌打节拍，以统一跳的节奏。坚持时间最长者为胜。

（五）斗鸡（又称顶牛）

游戏目标：懂得单脚跳的基本动作要求；训练儿童动作的平衡性。由浅入深、层层递进，反复练习单脚跳等平衡动作，让孩子在快乐的游戏活动中自然习得单脚站立、单脚跳等动作经验与身体平衡的技能。

游戏规则：斗鸡者，抬起自己的一腿，双手抱脚，膝头为角，相互顶斗。可两人单斗，也可多人群斗。不可用手去推对方，最后不败者为将军。斗鸡是一种锻炼身体平稳及耐力的活动。

（六）接龙珠

游戏目标：训练儿童的身体反应能力，控制身体平衡的能力。

游戏规则：将长40～50厘米、直径10厘米的毛竹对半劈开，打去竹节成一个半圆管道。若干幼儿站一排或环形，每人手持一节半圆管，将乒乓球或较圆的小石子放在竹管上，倾斜竹管，徐徐滑落，另一幼儿用竹管接住，依此传接，球掉落地上为输。

（七）炒黄豆

游戏目标：体验乡土体育游戏，感受游戏带来的快乐情绪；在活动中，让儿童体验与同伴共游戏的快乐，乐意与同伴一起游戏。

游戏规则：两名幼儿相对站立手拉手，左右摇动，同时念儿歌"炒，炒，炒黄豆，炒好黄豆翻跟斗"。念完儿歌后立即高举一手，两人的头向里钻，同时转体360度（转体时要钻过举起的手，相背时两手高低交换）。游戏可以反复进行。

（八）脚尖、脚跟、脚尖踢

游戏目标：用儿童感兴趣的游戏方式发展基本动作，培养儿童良好的意志品质和对体育运动的喜爱之情；培养儿童的配合与协作能力。

游戏规则：儿童双手叉腰，边念边跳。"脚尖"（右脚尖朝后点地），"脚跟"（右脚尖朝前点地），"脚尖踢"（将右脚尖朝左前方点地，接着向右前方踢）。第二遍换左脚，依次反复进行。

（九）两人三足

游戏目标：发展儿童走、跑的能力，增强儿童腿部肌肉的训练，及脚和腿的灵活性；培养儿童的团队合作和互助意识及遵守游戏规则意识。

游戏规则：由两个人团结协作，两人并排站立，一人左腿与另一人右腿的膝盖以下、脚踝以上部分用绳子绑上。细绳可为尼龙绳，统一配置。必须捆在小腿上，并捆紧，如中途松开需系好再前进。中途若有人摔倒，应立即停下来，等重新准备好再前进。每次两队同时进行比赛。在比赛中用时最短的胜出。

（十）拉马

儿童拉马游戏，适合4个儿童进行，两人一组，每组分别有一人骑在另一身上，用力拉另外一组的人，被拉倒者失败。

此外，还可以通过平衡木、平衡台、旋转圆筒等项目，来训练大脑前庭平衡功能，提高孩子的注意力。

除了以上民间沿袭下来的游戏，随着时代不断发展，人们逐渐重视儿童感觉统合失衡问题尤其是本体觉失衡问题，因此人们不断对统感训练的小游戏进行了创新。

（十一）滑板

功能：调节前庭觉，引发平衡反应。

训练时间：每周 2 ～ 3 次，每次 20 ～ 30 分钟。

1. 飞机飞

训练方法：以腹部为中心，身躯紧贴滑板，头颈部抬高，挺胸，双手双脚伸展提高，如同飞机起飞状。6 岁左右的儿童可保持这种姿势 20 ～ 30 秒钟。

2. 乌龟仰躺

训练方法：让儿童仰卧，抬起头，四肢屈曲抬起，身体呈弓形，仅以腰部着地，并努力保持这种姿势。6 岁左右的儿童，一般可以维持这种姿势 20 ～ 30 秒。

3. 乌龟爬行

训练方法：儿童俯卧在滑板上，以腹部为中心，身躯紧贴滑板，抬头、挺胸，头颈部抬高，双脚并拢抬起，以双手伸展慢慢往前爬行移动。爬行时，双手要同时着地，手指张开，手掌和手指都紧贴地板，收缩手臂，对抗手掌和手指与地面的摩擦力，带动滑板和滑板上整个身体的重量移动。

4. 青蛙蹬

训练方法：让儿童俯卧在滑板上，以腹部为中心，身躯紧贴滑板，抬头、挺胸，头颈部抬高，双脚如青蛙游泳般屈曲，顶在墙壁上，用力一蹬，使身体贴着滑板往前滑行，同时，双手伸展，像游泳似地从两侧往后划，保持滑板继续向前滑行，滑到接近对面墙壁时，用手控制方向做 180 度回转，同时双脚屈曲，再蹬、再滑，每次蹬墙后双腿应并拢抬起，脚尖绷直。

5. 俯卧旋转

训练方法：让儿童俯卧在滑板上，双手交叉控制方向带动滑板和身体进行原地旋转，左右交替旋转的次数由少而多，至 100 次以上。该练习尤其适用于严重前庭反应不足的儿童（旋转时手不过中线，而且很少引起头晕）。

6. 单人牵引滑行

训练方法：让儿童俯卧或仰躺在滑板上，用手拉着绳子或呼啦圈，指导者牵动绳子或呼啦圈，带动趴在滑板上的儿童做前进、转弯及旋转等动作。

7. 双人牵引滑行

训练方法：让儿童俯卧或仰躺在滑板上，由两位指导者拉动一条绳子，让儿童手握绳子的中间，以绳索的力量带动儿童的滑行，可做前进、转弯及旋转等动作。

8. 滑板过河

训练方法：让儿童仰躺在滑板上，以背部为支撑点，颈、手、脚弯起向上，在手和脚可以够得着的位置上架一条绳索，让儿童可以用手抓住绳索并同时用脚钩住绳索，通过手和脚的协同运动带动滑板滑动。

9. 滑板上投球

训练方法：让儿童趴在滑板上，滑板旁放一篮子小球（小皮球或乒乓球），在前方2～3米处放置一只空篮子，要求儿童将球投到前方的篮子中。该练习可以增进前庭平衡、颈部张力、手眼协调。可每天安排儿童投球200～400次。

10. 滑板上抛球

训练方法：让儿童趴在滑板上，面对墙壁，距离墙壁2～3米，双手把一个小皮球或排球，往墙壁30～50厘米高的地方用力抛去，等球弹回时尽力接住弹回的球。增进视觉的立体判断，特别有益于眼手协调、左右手协调，改善前庭觉功能和整体感觉系统都很重要。

（十二）滑梯

功能：维持身体姿势的稳定，维持高度的平衡感觉，促进身体保护伸展反应的成熟，促进脑干体系的活跃化。

训练时间：每周2～3次，每次20～30分钟

1. 俯卧滑滑梯

训练方法：让儿童自己将滑板抱起，放在滑梯顶端的平台上，身体俯卧在滑板上，头、手在前，脚在后，可由指导者协助轻轻推动滑板，使滑板由滑梯上自然地滑下来，也可让儿童自己用双手抓住滑梯的两侧，同时用力往后拉，借用反弹力使滑板往前滑行，较快速地从滑板的斜面滑下来；也可以采用头上脚下的方式，从滑梯上倒着滑下来。

延伸的活动：

推球。推球可以培养儿童的有意注意力，锻炼眼球的注视能力、眼物距离的判断能力及手眼协调能力。

取物。可提高儿童的有意注意力、记忆力和运动企划能力。

扔物。让儿童滑下滑梯前手拿小球，要求儿童在下滑的过程中将手中的球扔进指定的篮子或纸箱中。

取物—扔物序列活动。当儿童从滑梯上滑下时，先让儿童从指定的篮子或纸箱中抓取指定的小球或其他物品，再按要求扔到指定的篮子或纸箱中去。

击打。从天花板垂悬一个球，使儿童在滑梯上滑行时可以碰得到，或在滑梯旁悬挂一个或几个标志物，如小布娃娃、绒布小动物，要求儿童在下滑的过程中用手中的木棒或纸棒或塑料吹气棒击打悬挂在一旁的标志物。

穿帘。在滑梯下面挂一个布帘或毛巾帘，让儿童滑下时掀开帘子穿过去。

推墙。用塑料积木在滑梯前面堆成墙等障碍物，让儿童在滑下时推开；也可由两名指导者拿着旧报纸在滑梯的末端形成一面墙，让儿童滑下时穿破"墙壁"。

穿隧道。在滑梯上设置一个小隧道，让儿童滑下时穿过预先设置好的小隧道。

捡球。从滑梯的前面丢球给儿童，要求儿童滑下滑梯后拾起前面滚过来的球。

捡球—抛球序列活动。当儿童对上述接球活动比较熟练后，可以在此基础上要求儿童将捡到的球按要求扔到指定的篮子或纸箱中去。滑板和滑梯上所体验到的前庭觉和本体觉的输入，可以纠正异常的触觉系统；减少活动过量或不安、集中注意力。

2. 坐姿滑滑梯

该活动适用于较小的儿童。其延伸活动同俯卧滑梯。

3. 蹲姿滑滑梯

其延伸活动同俯卧滑梯。

4. 立位滑滑梯

立位滑滑梯可以增强儿童空间认知能力、肌肉同时收缩能力，强化前庭觉，提高儿童平衡能力、自我保护能力。延伸活动：取物、扔物、取物—扔物、击打、接物。

5. 逆上滑梯

俯卧逆行：让儿童俯卧在滑板上，抓住呼啦圈或木棒，指导者拉着呼啦圈或木棒，由下往上将儿童和滑板拉上滑梯，或在滑梯的上端固定一条绳子，让儿童俯卧在滑板上，双手抓住绳子，交替往前移动，由下而上爬上滑梯的顶端。

仰卧逆行。其延伸活动同俯卧逆行。

坐姿或站立逆行。其延伸活动同俯卧逆行。

（十三）网兜吊缆

功能：强化儿童的前庭觉，纠正儿童的触觉系统，提高儿童的手眼协调能力和有意注意力。该活动适用于前庭平衡不佳、触觉敏感或迟钝及身体协调不良的儿童。

训练时间：每周 2～3 次，每次 20～30 分钟。

1. 摇篮游戏

训练方法：让儿童轻松随意地仰躺在吊缆中，轻轻地左右摇晃。可指定一特定的目标，让儿童仰躺在摇动的吊缆中注视目标，强化对眼睛控制的调整。

2. 吊缆秋千游戏

训练方法：让儿童俯卧或卷曲着仰躺在吊缆之中，由指导者推动吊缆协助儿童进行前后、左右的摆动或旋转。吊缆的放置以距地面约 20 厘米为宜。

3. 吊缆插棍游戏

训练方法：让儿童俯卧在吊缆中，前后晃动吊缆，在吊缆下方放置一套小木棍子和有着相应小孔的木板，要求儿童双手同时拿起小木棍按顺序插入孔中。

4. 坐立吊缆游戏

训练方法：让儿童可以坐在吊缆中，两手抓住吊缆的边缘以保持身体平衡。指导者晃动吊缆做前后左右的摇动或 360 度的大旋转。

5. 直立吊缆游戏

训练方法：让儿童直立在吊缆上，双脚撑住吊缆底端，双手扶住吊缆上面的绳索，以保持身体平衡。由指导者推动吊缆作前后、左右的摇摆和 360 度大旋转，对前庭平衡和身体形象认知帮助较大。

（十四）圆筒毛吊缆

功能：活化前庭—固有体系，矫正重力平衡。

训练时间：每周 2～3 次，每次 20～30 分钟。

1. 坐姿摇摆和旋转

训练方法：让儿童坐在底板上，双手环抱圆柱，身体紧贴圆柱，双脚以筒底边为支撑环绕圆柱紧紧夹住，以保持身体的平衡。指导者在操作时，应控制好方向的变化和时间的间隔，时而左右，时而前后，时而做 360 度以上的大旋转，此期间还应有数秒钟的间歇，这样可以促使儿童前庭体系保持清醒，强化它对感觉信息的过滤及选择能力。

2. 站立摇摆和旋转

训练方法：让儿童站立在底板上，双脚夹住圆筒，双手握住上端的绳索，由指导者推动圆筒做前后、左右摇晃及 360 度以上的大旋转；还可以训练儿童只用一只手抓紧绳索，伸出一只手来接或抓取物体，或是只用一只脚站立，伸出一只脚来踢目标物体，促进儿童手眼协调及姿势运动协调，发展平衡能力及难度较高的运动计划能力。

3. 坐在圆筒帽上

训练方法：让儿童双手握住上端的绳索，坐在圆筒的上面；还可让儿童坐在上面做套圈圈游戏。该训练可丰富儿童前庭固有感觉，促进手眼协调、姿势运动协调、平衡能力及高度运动计划能力。

（十五）四足位平衡吊缆

准备：由两块木板和一根绳索构成。上、下两块木板的 4 个角分别用绳索相连，由上面木板的中间用一根绳索作定点悬挂。

功能：促进前庭固有感觉、平衡感及自我形象、视觉统合、眼球控制及运动感觉发展。尤其适用于重力感不良的儿童。

训练时间：每周 2～3 次，每次 20～30 分钟。

1. 站立摇晃

训练方法：让儿童站立在上面，双手抓住绳索以保持身体平衡。可让儿童自由晃动或由指导者帮助他进行前后、左右晃动或 360 度旋转。做 360 度旋转时，每次持续转动以不超过 10 圈为宜，转转停停对儿童前庭体系的发展帮助更大。

2. 蹲、坐、跪、躺、卧

训练方法：由指导者帮助做前后、左右的晃动或旋转；也可在一旁放置积木或小球、洋娃娃等玩具，让儿童在摇动时伸手去拿取。

3. 滑行游戏

训练方法：将四足位平衡吊缆上面的吊绳固定在可前后移动的滑道里。
站、坐滑行中击打目标、抛、接、投物。
俯卧滑行捡、拾物品。

（十六）圆木柱吊缆

功能：增加触觉刺激和本体感觉的刺激，促进前庭感觉输入、统合，增进平衡、视动协调、运动计划能力。

训练时间：每周 2 ～ 3 次，每次 20 ～ 30 分钟。

1. 俯卧环抱圆木柱

训练方法：让儿童俯卧在木柱上，用双手双脚环抱着木柱以维持身体的平衡。先让儿童趴在木柱上体会木柱自然摆动的感觉，再由指导者推动木柱进行前后、左右的摇晃。摇晃 3 分钟，停下来休息 3 分钟，再接着摇晃 3 分钟，如此循环 5 ～ 8 次，刺激儿童的前庭感受器，让儿童体会由静到动、由动到静的肌肉反应和前庭觉输入。

延伸活动：

把小绒布娃娃、积木、橡皮等散放在圆木柱下面的地垫上，让儿童俯卧在圆木柱上，摇晃圆木柱，要求儿童以他所能的任何方式紧抱着圆木柱，同时俯身把地上的物件捡起来。

把小绒布娃娃、积木、橡皮等混装在一个纸盒中，将纸盒放在圆木柱下面的地垫上，旁边放置一个空纸盒，让儿童俯卧在圆木柱上，摇晃圆木柱，要求儿童以他所能的任何方式紧抱着圆木柱，同时俯身把一个纸盒中的小绒布娃娃全部取出来放入另一个空纸盒中。

让儿童手中拿一个纸棒或木棒，在晃动的过程中对准目标物击打。

2. 骑木马

训练方法：让儿童骑在圆木上，跟骑木马一样，大腿夹紧以保持身体平衡。这项活动有助于姿势和平衡的建立。对于本体觉不足、身体平衡能力差的儿童，一般不能自如地骑在上面进行活动，有的甚至连坐都不敢坐。

延伸活动：

让儿童骑坐在木柱的一端，用手抓住绳索协助保持身体平衡，由指导者协助推动木柱进行前后、左右晃动。可在木柱的一侧设置一块木板，要求儿童每摆动一次，就自己用脚蹬木板一下，借助木板对蹬力的反作用力来保持木柱的摆动。

让两名儿童背对着骑坐在圆木柱上，圆木柱两侧各放置一块木板，要求儿童自己用脚蹬木板，依靠木板对脚的反作用力推动木柱的摆动，且两个儿童蹬木板的力度要接近，才能保持木柱较好摆动，若力量相差悬殊，则木柱总是歪向一侧。

在圆木柱的一侧放置一个纸盒，里面装有积木或小球，要求儿童在晃动的过程中抓取指定的物品，并投掷到指定的位置。

让两名儿童背对着骑坐在木柱的两端，进行上面的游戏，也可由一名儿童抓取目标物后交给另一名儿童，由另一名儿童完成投掷任务，而后交换角色。

让儿童骑坐在木柱上，一手扶着绳索，一手拿一长棒，摇晃时，设法用手中的长棒将前方的目标物一一击倒。

在不远处固定一条绳索，让儿童骑坐在木柱上，用手抓住固定在一侧的绳索的一端，带动木柱和身体运动。

3. 圆木柱秋千

训练方法：让儿童抓住两侧的绳索，横坐在圆柱上自由晃动，也可像荡秋千那样前后荡起来。

延伸活动：

由指导者和儿童手牵手并排横坐在圆木柱上，让儿童另一只手抓紧绳索，可让圆木柱自由晃动，也可两人协同摇摆，或借助手的力量和身体的左右摇摆使圆木柱左右晃动。

在圆木柱秋千的前方放置目标物，如悬挂气球或绒布玩具，要求儿童在荡动的过程中用脚趾部踢指定的目标物。

4. 立位秋千

训练方法：让儿童站立在圆柱上，双手抓住绳索，保持身体平衡，让圆木柱自由晃动或由指导者协助进行前后、左右的摆动或旋转。

延伸活动：

平衡掌握得比较好的儿童，可尝试只用一只脚站立，并用另一只脚去踢指定的目标物。

若有较大的圆柱木柱，可两人手牵手站立在圆柱上，各抓住一侧的绳索，一起前后荡起来或进行左右摆动。活动量可由 30 ~ 200 次不等，摇动方向可由固定到不固定。

（十七）旋转轮盘吊缆

功能：强化前庭觉和平衡反应的结合，发展关节、肌肉等的本体觉；促进运动计划能力的形成。

训练时间：每周 2 ~ 3 次，每次 20 ~ 30 分钟。

1. 引导型旋转轮盘

训练方法：让儿童屈曲坐在轮盘上，双腿夹住绳索底端，用手抓住绳索，抬起双腿，任由轮盘自然晃引和旋转，或由指导者推动做旋转和摆动。

延伸活动：

在摇晃和旋转中，递小球、小圈圈或玩具给儿童，让他伸手来接。

让儿童手中拿着好几件东西，以尝试各种不同的肌肉感觉。

让儿童接过物品并将手中的物品抛向指定的目标。

要求儿童将小圈圈套在指定的目标上，如红色的小圈圈套在红木棒上，绿色的小圈圈套在绿木棒上。

让儿童用脚或腿夹住东西摇晃和旋转。

设置一个色彩鲜艳的目标物，要求儿童在晃动或旋转中用脚去踢目标物。

2. 主动型旋转吊缆

训练方法：让儿童坐在轮盘上，双手握住绳索，身体向前屈曲，向后退几步后迅速抬起双腿，使身体随着轮盘晃动；还可用脚蹬墙，借墙壁的反作用力持续摇晃，通过蹬墙时的力量大小和方向来控制摆动的幅度和方向。

延伸活动：

指导者手拿小球或小圈圈等，让儿童自己借助墙壁的反作用力控制方向，荡到指导者身边并伸手拿取指导者手中的东西。

设置几个目标物，要求儿童自己控制方向，在晃动中逐一踢倒它们。

在晃动和旋转过程中，要求儿童伸手去拿放置在一旁的小圈圈，并将圈圈套在指定的目标上。

在轮盘晃动和旋转时，要求儿童伸手去拿放置在一旁的小球，并将小球抛入指定的篮子或纸箱中。

（十八）游泳圈吊缆

功能：强化前庭固有感觉，促进儿童平衡能力、手部肌肉及运动计划能力的发展。

训练时间：每周 2～3 次，每次 20～30 分钟。

训练方法：

让儿童仰躺或俯卧在吊缆内，由指导者推动吊缆进行前后左右晃动及顺时针、逆时针方向的旋转。

延伸的活动：

在吊缆内放置不同质地的毛巾、沙发垫、地垫等，让儿童体会不同的触觉刺激；

晃动时递东西给儿童，让他注视并伸手来接。

儿童仰躺或俯卧在吊缆内，用手抓住呼啦圈，指导者拉动呼啦圈进行牵引。

把小球、绒布玩具、塑料积木、橡皮等散放在吊缆下面的地垫上，让儿童俯卧在吊缆内，摇晃吊缆，要求儿童在晃动中把地上的物件捡起来。

让儿童在晃动时将手中的球投入指定的篮子或纸箱中去，或将小圆圈套在指定的木棒上，或将小木棍插入指定的小孔中去。

让儿童躺在吊缆内，手持一长棒；摇晃时，设法用手中的长棒将前方的目标物——击倒。

在不远处固定一条绳索，让儿童躺在吊缆内，用手抓住固定在一侧的绳索的一端，带动吊缆和身体运动。

（十九）平衡台（板）

功能：有助于统合平衡感觉、前庭觉、固有感觉和视觉。

训练时间：每周 2～3 次，每次 20～30 分钟。

1. 平躺摇晃

训练方法：让儿童仰躺或俯趴在平衡台上面，手臂和腿放松，自然伸展，任由平衡台自然晃动，或由指导者协助进行左右摇动。

2. 匍匐摇晃

训练方法：让儿童匍匐在平衡台上，自己进行左右摇晃；还可在平衡台上放置物品，吸引儿童自己爬过来取。

3. 跪坐或静坐摇晃

训练方法：让儿童坐或跪在平衡台上，由指导者左右摇晃平衡台。

4. 平衡台互相扶持

训练方法：指导者和儿童共同站在平衡台上，两人面对面，手拉手，互相保持平衡。

5. 被动的平衡台站立摇动

训练方法：让儿童站立在平衡台上面，双脚分开，由指导者在台下缓慢摇动平衡台，使平衡台左右晃动。

6. 主动的平衡台站立摇动

训练方法：让儿童站立在平衡台上，双脚分开，重心交替从一只脚转移到另一只脚，自己控制平衡台进行晃动。

7. 平衡台上蹲起运动

训练方法：儿童站立在平衡台上，进行自主的摇晃时，由指导者发出口令并示范，让儿童随着做下蹲、起立、伸手以及屈臂等动作。

8. 平衡台上的移动

训练方法：让儿童站立在平衡台上，先进行自主摇晃，然后指挥儿童移动身体，如往前进一步、往后退一步、向右转、向后转。平衡台游戏刚开始时，可练习摇动 10～20 下，以后逐渐增加，到 60 下时，平衡效果较容易发挥。再根据儿童的情况逐步增加到 100 或 200 下。

（二十）大、小笼球

功能：促进前庭体系、本体觉和平衡反应的发展，尤其适用于触觉反应过分敏感或迟钝的儿童。该训练也是测试儿童前庭平衡能力和重力感的重要工具。

训练时间：每周 2～3 次，每次 20～30 分钟。

1. 俯卧大笼球

训练方法：让儿童俯卧在大笼球上，指导者抓住儿童的双脚，将其两腿平举，并做轻微的前后推拉和左右转动，前后、左右、快慢的变化，可以丰富儿童的前庭觉，让儿童有更好的重力感调整。指导者也可以用双手压住儿童的腰部，让笼球做前后、左右转动。

2. 俯趴小笼球

训练方法：可以用较小的弹力球置于儿童的腹部，让儿童趴在上面，双手双脚接触地面，自己操作进行前后、左右的移动或转动，带动弹力球在腹部下面滚动，以强化儿童身体各部位对重力的协调感。

3. 仰卧大笼球

训练方法：让儿童仰躺在大笼球上，以腰部为支点，由指导者抓住儿童的双脚、大腿或腰部，做前后、左右的推动或滚动。

4. 倚靠小笼球

训练方法：将小型弹力球放在墙脚，让儿童颈、后背或腰部靠在上面，扭动身体使球在身体和墙壁之间滚动，或晃动身体使之受到挤压；也可将小型弹力球置于儿童的背后或腰下，让儿童自己去滚动。

5. 坐上大笼球

训练方法：将儿童扶坐在大笼球上，较小的儿童由指导者扶着儿童的腰部或手臂，进行前后、左右推动；也可由指导者扶着儿童的身体，利用大笼球的弹性进行有节奏的上下振动。对大一些的儿童指导他自己扶着墙壁、桌沿或其他扶手保持身体平衡，移动身体使大笼球进行前后、左右的转动或利用自己身体的重量用屁股在大笼球上做上下振动。

6. 坐小笼球

训练方法：将小弹力球放在儿童的屁股下，鼓励儿童用屁股使劲往下压，设法坐扁屁股下的弹力球，还可让儿童坐在球上做各种游戏，如跟另一儿童面对面坐在球上玩指眼、耳、口、鼻的游戏或拍手游戏，或者抛、接物品，套圈圈。

7. 大笼球压滚游戏

训练方法：让儿童俯卧或仰躺在地上，指导者用大笼球放置在儿童的身体上，慢慢地进行前后、左右的滚动，或在上面进行轻轻压挤。尽量滚动和压挤到身体的各个部位，上下、前后、左右的滚动和压挤，对儿童脑干前庭网膜的发展有很大的帮助。

8. 俯卧大笼球抓东西

训练方法：让儿童俯卧在大笼球上，保持身体平衡，将目标物（如小球、积木、绒布娃娃）放置于儿童前面，儿童向前滚动时用手可以够得到的位置，指导者扶着儿童的脚协助儿童前后、左右滚动，帮助儿童按要求抓取目标物。该训练能帮助发展儿童语言展和自我控制能力。

9. 大笼球上跳跃

训练方法：扶着儿童站立在大笼球上，先让儿童轻轻上下晃动，或双脚交替踩压，再扶他跳起来，体会落下去又弹起来的感觉。

（二十一）蹦床（跳跳床）

功能：促进前庭觉的统合，培养平衡感，训练手眼协调。蹦床还有助于儿童的情绪稳定。

训练时间：每周 2 ～ 3 次，每次 20 ～ 30 分钟。

训练方法：

由指导者和儿童一起坐在蹦床上，利用蹦床的弹性，以身体为支撑进行上下摇动。

对于不敢上去的儿童，为减少儿童的恐惧，开始可由家长或指导者背着儿童一起在蹦床上跳跃。

让儿童俯卧在蹦床上，由指导者站立跳跃，将儿童弹起，让儿童体会蹦床上下起伏的感觉。

让儿童俯卧在蹦床上，头颈部用力抬起，胸部尽量抬高。该训练可以强化前庭体系的感觉，促进全身肌肉本体感的形成。

让儿童在蹦床上进行自由的跳跃，或双手抱球在蹦床上跳跃，或与指导者做抛接球的游戏。

让儿童在蹦床上一边跳跃，一边将手中的球投入指定的篮子内。

在蹦床的上方悬挂一个气球，让儿童每次跳起时击打目标。还可在蹦床上方悬挂一个网篮，让儿童跳跃时投球入网，这种游戏可以协助儿童在半空中判断视觉空间，对手眼协调及身体形象的帮助很大。

让两个儿童面对面，手拉手站在蹦床上一起跳跃，或共同拉着一个小呼啦圈一起跳跃，从而训练与对方协调运动的能力，通过跳动中的眼球对视，增强视觉的稳定性。

（二十二）旋转浴盆

功能：促进平衡和姿势的健全发展；对身体位置、视觉空间及眼球转动的控制帮助较大，并养成高度运动企划的能力。尤其适用于有多动症及孤独症倾向的儿童。

训练时间：每周 2 ～ 3 次，每次 20 ～ 30 分钟。

1. 坐或蹲在其中

训练方法：让儿童平坐或蹲在旋转浴盆中，由指导者在一旁扶着盆沿帮他回转，速度不宜太快，可 2 ～ 3 秒钟转一圈，并注意儿童的反应。可先向左回转，稍做停顿后再向右回转，也可连续往左回转几次，再连续往右回转几次。回转的速度也可适当变换。

延伸活动：

（1）投球。

（2）套圈圈。

2. 趴在旋转浴盆上

训练方法：让儿童俯趴在旋转浴盆的盆沿上，努力保持身体平衡。儿童可以是双脚踩在盆沿、双手扶着盆沿的姿势，也可以是双手扶着盆沿、双腿跪在盆沿的姿势，还可以是四肢伸展，双上臂和大腿架在盆沿上，呈飞机飞翔的姿势。尽量让儿童自己上去，指导者可帮助扶持旋转浴盆，协助儿童保持平衡，等儿童踩稳、扶好之后，再轻轻回旋。旋转浴盆中的游戏每次可持续 10 ～ 20 分钟，但每次连续回转的时间不要超过 30 秒。

（二十三）独脚凳

功能：主要是锻炼身体平衡感觉，强化身体形象概念。

训练时间：每周 2 ～ 3 次，每次 20 ～ 30 分钟。

1. 坐独脚凳

训练方法：让儿童用手扶起独脚凳，慢慢地将屁股坐上去，放开手，双脚支撑保持平衡。

延伸活动：

（1）两人对坐着玩拍手游戏，看谁能够稳得住，不歪倒。

（2）两人一组，两人可离得稍远一些玩抛、接球的游戏，尽量抛得准、接得也好，不失球、不歪倒就算成功。

2. 踢腿运动

训练方法：当儿童在独脚凳上坐稳后，让他双手叉腰，双腿轮流抬起。

延伸活动：

（1）双手伸展。双手伸展平举或上举，再交替踢腿。

（2）手摸脚背。踢腿时伸手向前尽量去摸踢起来的脚背，先用对侧手摸，再双手一起摸。

（二十四）鼠跳

功能：强化前庭固有感觉；促进手脚协调、本体感觉发展。

训练时间：每周 2 ～ 3 次，每次 20 ～ 30 分钟。

训练方法：

让儿童进入袋中，双手提起袋沿，一起往前跳动。对于身体平衡能力差、手脚协调不好的儿童，往往出现身体往前倾，双脚却跟不上的情况，因此容易跌倒。先不宜要求儿童跳得太快，让儿童慢慢体会手足协调、重心平衡的感觉，再加大跳跃的幅度，改变跳跃的方向。可以让几个儿童同时比赛跳，看谁先到达终点。根据儿童的体力，每次训练跳 5 ～ 10 个 6 米左右的距离。

（二十五）平衡木

功能：强化身体的双侧配合、平衡反应和视觉运动协调。

训练时间：每周 2 ～ 3 次，每次 20 ～ 30 分钟。

训练方法：

将平衡木排成一排，让儿童在平衡木上踏步前进。要求儿童伸展双手，或双手抱球进行上述活动。

将平衡木排成平行的两排，让儿童两只脚各踏着一条平衡木前进。

将高低不一致的平衡木交替排列成一条曲折的道路，中间还留有一定距离的空当，让儿童徒手或抱球踏步走过。

将平衡木两端用绳索吊在平行杠上，让儿童伸展双臂走过。

第三节 儿童感觉统合之前庭觉活动的评价

民间传统游戏对儿童的前庭觉训练起着十分重要的作用。因此，父母应与儿童一起进行亲子游戏，以帮助儿童健康顺利地成长。在给儿童做前庭觉训练的时候，要注意让儿童充分感受过程中的快乐，而不是压力。训练中，儿童是主角，要尊重儿童的需求，尊重孩子对感官刺激的选择。通过对环境的控制给予儿童适当的感官刺激，从而提高他们的感官统合能力，能做出适应性反应，在训练过程中给予儿童正面的反馈，分享成功的快乐。

一、训练环境的评价

合理配置训练环境是训练活动能否取得实效的重要环节。

（一）空间要适当，地点要安全

儿童的前庭觉训练应选择适当的安全场所和空间，以确保其训练的可行性、充实性和安全性。前庭觉失调的儿童由于功能受到各种限制，活动过程中身体控制和运动无法随心所欲，在一定程度上存在困难。有些儿童容易受到外界的干扰和影响，因此，儿童进行前庭觉训练，首先要选择适合个人或小组训练的地方和空间，针对儿童的特点进行训练。选择的地点首先要考虑不能有噪声，也不能有其他干扰因素，而且空间的大小也适合训练的需要，同时训练中要注意足够的安全性。

（二）安全装备要充分准备

儿童的前庭觉训练不仅需要准备训练所需的器材、玩具、教具等资源，还需要其他一些需要安全保障的强化物。要功能明确，活动性强，趣味性强，使儿童在有趣的游戏活动中训练准确。

（三）训练场地与日常紧密相连

前庭觉训练选择的场所应与日常教育、生活等有较大联系。这样做有利于儿童向自然环境中转移训练活动和训练效果，扩大训练的时间和空间，向生活和学习中转移训练效果。另外，有的儿童对新环境的适应能力差，对环境的细微改变产生排斥心理，不愿参加训练。所以利用儿童熟悉的场所进行前庭觉训练，对儿童情绪的稳定和训练活动的开展都有一定的帮助。总之，提高儿童前庭觉训练的有效性才是最终目的。

（四）训练时间、内容取决于儿童自身接受程度

前庭觉训练的时间长短及时间安排，需要结合儿童的具体情况，根据训练活动的具体内容而定。单独训练的时间一般在30分钟左右，分组训练的时间一般在30～60分钟，儿童情绪平静的时间段最好是训练的时间段。其实，具体的训练时间和日程安排，还要看儿童在训练中的活动形式以及身体的反应等情况。比较激烈的训练时间需要稍微短一点，或者活动程度稍微低一点，交替配置，儿童在训练中会感到疲劳，动作比较慢，也比较吃力，如果注意力不集中，就需要暂停训练，进行调整。

二、前庭觉训练的原则

前庭觉活动设计要让儿童在训练中感到愉悦，而不是压力或害怕。训练中的儿童是主角，尊重儿童的需求和对感官刺激的选择。通过对环境的控制给予儿童适当的感官刺激，从而提高儿童的前庭觉能力，让儿童做出适应性的反应，而不是告诉儿童怎么做。在训练过程中，及时表彰儿童的进步，把儿童成功的喜悦与家长分享。儿童的前庭觉训练是否有效，其中一个关键就

是前庭觉训练的活动设计是不是科学有效的，所以在设计前庭觉训练活动的时候，一定要遵循以下几个原则。

（一）形式要规范，要有趣味性

前庭觉训练活动在形式上体现了设计的规范性，所有的活动设计都有明确的训练功能，有可操作的方法，既要考虑材料、场地、需要准备的强化等，也要考虑逐步进步的操作水平。这样我们在设计前庭觉训练活动的时候，就应该做到有章可循、有据可依，同时在设计前庭觉训练的时候，应该充分考虑儿童的特点。有些前庭觉严重失调的儿童，因为儿童本身的游戏能力就不足，需要激发儿童的运动热情和协作精神，从愉快、有趣的游戏活动中得到前庭觉运动的效果，设计更有趣的锻炼活动来愉悦身心。

（二）训练功能具有精确性和综合性

前庭觉训练活动的设计与一般的游戏活动不同，前庭觉训练活动需要有明确的功能，它的功能是根据儿童的需要而定的，需要评估儿童的感受整合能力的结果，并不是任何可以用来训练儿童感受的活动。因此，在设计感觉统合训练活动时，不仅要明确功能定位，还要做到全面。强调功能定位的准确性适应儿童感觉统合能力发展的需要，根据功能定位设计相应的活动方式综合性强调通过这种训练活动，即多功能性而非单一性，使一个训练活动不是一个角色，而是达到多个目的。

（三）对培养目标要有针对性和科学性

前庭觉训练设计游戏设计要有针对性，培养目标要科学。有针对性地强调训练活动的"对症用药"，针对儿童在前庭觉发育过程中出现的问题进行设计科学性强调，设计好的训练活动既要趣味性、游戏性、实效性，又要讲究科学性，不能给儿童带来伤害或负面影响。

（四）训练方法切合实际，操作性强

专为儿童设计的前庭觉训练活动，在训练方式、操作性强的同时，又恰如其分。适当性是指所选用的方法和它的难易程度适合于需要训练的儿童，选择的方式需要考虑受训儿童的特点，如不同年龄、不同身体发育状况。可

操作性是指所选用的方法对需要训练的儿童来说是合适的，并且设计成让儿童实际操作参与的活动。例如，为盲人儿童设计的训练活动应考虑儿童的视觉能力受到限制。

（五）训练过程中的层次性和渐进性

针对儿童设计的前庭觉训练活动，所设计的训练过程需要有层次、有步骤地进行训练。前庭觉培训活动不是单一的，而是一系列的，即在一个主题下有多项培训活动，每项培训活动都是系列培训活动中的一个层次，层次之间紧密联系，由易到难、由简到繁、由低到高，循序渐进、螺旋式上升。这样既能使培训活动前后衔接，步步深化，连续进行，又节约了教师设计培训活动的时间，减少了多余的、繁重的工作量。

（六）培训实施的可行性和安全性

为儿童设计的感觉统合训练活动，设计的活动过程、活动所需的场所、工具、材料等等，都应该是可行的、安全的。可行性指针对儿童实际操作而设计的训练活动。如果设计的活动仅仅具备游戏性而不具备可行性，那么这个活动设计是不能实际训练的。安全是指主要设计的感觉统合训练活动的活动过程和必要的场所、工具、材料、强化物等，都充分考虑安全因素，做到防患于未然，以免给儿童造成不必要的伤害。

三、评价的注意事项

有效实施前庭觉锻炼活动是取得整体锻炼效果的最重要因素，也是前庭觉锻炼活动的价值所在。训练实施前后的注意事项是为了确保儿童前庭觉训练的有效性。对前庭觉游戏有效性开展评价时要注意以下三个方面：

（一）训练前注意事项

训练前要认真分析，预习设计的训练活动设计要求，认真做好各项准备工作，包括准备场所、器材、教具、强化物及 AV 辅助器材等，同时分析训练中儿童可能出现的问题及解决方案，明确活动规律。

（二）训练中的注意事项

在训练中，首先，对受训儿童讲解活动规则，并给出引导儿童按照规则开展游戏活动的模型。其次，如果儿童在训练中出现问题，教师应及时示范、指导、引导。同时，老师也需要随时观察受训儿童的反应，及时调整训练节奏，因人而异地进行训练。最后，对于训练中儿童的反应，教师可利用视频或现场观察进行记录。

（三）培训后注意事项

训练结束后，教师应及时总结和反馈儿童在训练过程中的表现、出现的问题、采取的措施和达到的效果，并在此基础上对前庭觉训练活动后续阶段的设计安排进行调整和改进，使儿童通过训练获得潜能上的开发和能力的提高。

儿童前庭觉训练不是一次、两次就能完成的，能力提高需要从量的变化到质的变化，过程持续一段时间（一年、两年甚至更长）。因此，一定时期训练结束后，应及时对儿童前庭感觉训练进行阶段性评价和总结评价，通过评价确认感觉训练措施的有效性，根据评价结果调整训练方案和活动设计，并将训练效果评价报告提交学校和家长。

在完整的前庭觉训练计划中，编制前庭觉训练评估计划是必不可少的内容。因此，为了获取训练前的基线数据，需要在训练前具体观察和记录这些行为的发生，制定针对指定目标行为的考核指标，并进行训练前后效果的比较。考核指标分为四个等级，每个等级代表着达到训练目标的程度以及达到了多少训练目标。

从感觉统合训练的一般原理出发，民间传统游戏既有内容丰富、形式多样的，也有简单易行的，采用的材料非常简单，如一颗石头、一根绳子，都是随处可得可展开游戏的东西。民间传统游戏不受场所和时间的束缚，如踢羽毛，无论年龄大小都可以玩，年龄小的儿童在羽毛上系上绳子，用手拿着踢；年龄大一些的儿童可以直接踢，踢出很多花样。跳房子更容易，只要用树枝、沙子在地上画格子，就能单足跳和双足跳，儿童乐在其中。

中国民间传统游戏在青少年儿童户外活动中有着悠久的历史和传承，流传下来的游戏项目更是不胜枚举。那是一代又一代传承下来的朴素智慧和生活的趣味性，也是在物资匮乏的时代能让儿童乐此不疲的游戏和娱乐活动。

四、前庭觉训练的原则

我们确定前庭觉训练项目的考核指标在根据实际需要灵活调整的同时，根据儿童前庭觉失调的具体情况，以及训练的长期目标和训练的项目、内容，制订训练的考核方案，制定考核的项目和内容、考核的时间、考核的地点，包括考核工具和方法、考核工作人员的安排等，并根据阶段评价结果，及时调整培训计划，使培训计划、方法真正能够满足儿童特殊前庭觉失调的需要。

随着社会越来越重视儿童的感觉统合，前庭觉训练的重要性也被更多的人认识到。在家时，父母可以积极参与孩子的训练。在学校，教师也可以积极参加孩子的训练，这使得前庭觉练习更有效，孩子的进步也更大。进行前庭觉训练时，家长和教师应遵循以下几点原则。

（一）和孩子一起做

孩子一出生就具备不同的气质，孩子需要父母和教师耐心观察、循序渐进地善诱，制定适合孩子发展的互动模式，在这个过程中，家长和教师要尽量与孩子建立良好的信任关系。前庭觉锻炼实际上是一种陪伴、游戏和快乐的小健身运动，能让孩子兴奋。

（二）给孩子信心

与尝试失败而受到批评和指责不同，如果家长和教师能在游戏运动中表现出对孩子的宽容和鼓励，效果就会大相径庭。家长和教师抓住孩子的优点，如孩子打球协调性好，以此为激发点，提高孩子的自信心。

（三）对孩子抱有正确的期待

在前庭觉训练中，孩子暂时达不到一定要求是正常的。他的智力、体能都需要开发，所以不能以过高的标准要求孩子，要根据孩子的情况适当设定目标和期望，及时给予奖励。孩子一旦有一时做不到的事情就会产生强烈的挫折感，甚至变得自我封闭、沉默、不积极而抗拒。这时，如果诱导方法不对，可能会影响孩子的健康成长。家长了解孩子受身体因素限制，影响工作成功率和成就感，可以通过前庭觉练习提高孩子协调等能力。

（四）培养孩子的好习惯

坏习惯会引起孩子前庭感觉失调，所以从小就要培养孩子良好的生活习惯。孩子会模仿父母的行为，这需要父母改掉自己的坏习惯，给孩子树立好榜样。在家中进行前庭觉锻炼是培养孩子持之以恒习惯的好方法，让全家人养成了前庭觉锻炼的习惯，一边锻炼身体一边加深了彼此的感情。

第三章　儿童感觉统合之本体觉活动设计

第一节　儿童感觉统合之本体觉及其研究

一、本体觉概念的产生和发展

本体觉概念的产生，最早可以追溯到 1557 年英国某位学者将其定义为"对于一个移动的感觉"。1826 年，有学者提出将其本体觉定义为"对于一个肌肉的感觉"。在 19 世纪末到 20 世纪初，人们都将本体觉与运动觉视为同义词。直到 1970 年，Charles Sherrington 第一次创造出"本体感觉"一词，现如今，被广大学者共同认可的本体觉定义是：肌、腱、关节等运动器官本身在不同状态（运动或静止）时产生的感觉。通俗地讲，本体觉就是自我意识到自己的行为。

本体觉分为运动觉和位置觉两大主要感觉，其中运动觉是察觉自身是否在运动的感觉，包括对肌肉、关节的感觉；位置觉则是察觉自身所处位置的感觉，包括对机体各部分位置的感觉。

本体觉从人类出生的第一天起就开始发展，也就是说新生儿的反射动作是本体觉在人的身体上发展的一种表现形式。例如，婴幼儿在 1 ~ 3 个月的时候会翻身，4 ~ 6 个月的时候能用手支撑身体，7 ~ 9 个月的时候会爬行，10 ~ 12 个月的时候会扶着物体支撑站立。本体觉的感受器遍布全身，包括人体身上的每一处肌肉、关节和筋膜，每当肢体做出一个动作，肌肉、关节和筋膜上的神经接收器马上会将这些信息传输给大脑，而大脑则传达信息整合人体肌肉、关节以及骨骼等深层组织，获知身体各部分的状态并且平衡而且流畅地做出动作。当儿童尝试抓取奶瓶、吮吸牛奶的时候，也是本体觉在人的身体上的一种体现。

3～5岁这个年龄阶段是儿童感觉统合能力发展的高峰期，也是感觉统合发展的最佳阶段。对于这个阶段的儿童来说，强烈的感官刺激远比游戏的胜负重要得多。而在这些游戏中，儿童可以学习到更成熟的双侧协调和动作计划的能力，在动态环境中维持身体平衡，在静态环境中觉察肢体位置。

5～7岁这个年龄阶段是动作发展的成熟期，各项基础动作能力趋向成熟。此阶段的感觉统合训练应根据实际情况，综合考虑儿童的最近发展区，可以适当增加游戏活动难度，加强肢体的敏捷度及协调性，达到身体运动的高阶段感觉统合发展。

二、本体觉的作用

本体觉的作用具体如下：

（一）感受运动状态，促进大脑功能的发展

儿童在运动中不断地将运动觉的信息输入大脑，形成对身体各个运动部分及其运动属性的感受和理解。在儿童的发育历程中，有效的运动觉、位置觉信息的输入刺激大脑相关区域的发展，以及各级运动调控中枢功能的完善，促进中枢不同感觉通道之间的交流，促进大脑功能的发展。

（二）促进运动发展，提高行为表现力

本体觉系统也可以说是一种反馈调节系统，运动觉和位置觉之间不断地进行信息交流与沟通，使儿童行为内外一致，动作流畅。

（三）参与身体平衡调节

儿童的本体觉如果发展不完善，则会导致儿童经常摔跤、行为异常等问题。

第二节　儿童感觉统合之本体觉活动的目标

一、本体觉训练的原理

人出生时的本体觉并不发达，需要后天的训练，根据儿童不同时期的发展特点，可以采用各种方式来达到促进本体觉发育的目的。本体觉训练以强化固有平衡、前庭平衡、触觉、大小肌肉双侧协调，促进身体的运动能力，健全左右脑均衡发展为训练目标。

二、本体觉训练的方法

本体觉训练的方法，首先是根据成长期进行训练。本体觉训练应根据孩子在婴儿期、幼儿期、儿童期的成长特点，进行针对性的训练活动。其次是根据内容分项训练。根据本体觉训练内容分类，可侧重进行精细动作、生活自理、大运动等方向的训练。

本体觉训练也可以根据内容做分项训练。比如精细运动训练方面，是根据孩子的年龄、能力等特点，自行设计抓、穿、插、刺、夹、剪、揉、捻等游戏，如摆积木、投球、捏橡皮泥、穿珠子。在生活自理能力培养方面，则是注重生活自理能力的培养，如洗脸、穿衣、系鞋带，孩子能自己做的事情要鼓励他们自己做。在大运动能力培养方面，着重于提升儿童抗重力肌肉群（颈部、肩部、躯干、髋部）发展，训练设计以钻、爬、跑、跳、投等为主，如万象组合、跳圈、平衡步道。

三、本体觉训练的目标

儿童本体觉训练，目标是促进并提高儿童大脑和身体相互协调等能力，通过关节运动和位置变化，来促进儿童本体觉功能，为儿童的感知能力、认知能力提供前提条件。本体觉训练需要符合儿童实际，激发儿童的活动兴趣，才能很好地促进儿童的本体觉发展。本体感不是天生就具备的，需要后天的训练。例如，婴儿期的翻身、滚翻、爬行训练；幼儿期的拍球、滑梯、平衡训练；儿童期的跳绳、踢毽子、游泳、打羽毛球训练，对孩子本体感的发育都是非常重要的。

在本体觉家庭训练指导方面，孩子出生时，本体觉并不发达，随着孩子从能够翻身到坐、爬、站及走路，随着姿势的不断改变，本体觉本当顺利发展的，但现在孩子成为被过度呵护的对象，外出有推车代步、上下楼梯有人抱、吃饭及喝水有人喂，大脑得不到足够的本体觉信息来进行整理、分析，也就很难建立起"身体地图"。所以就更需要家长们在后天注重孩子本体觉的发展和训练，在家庭中与孩子进行相关的本体觉训练，可以促使孩子的本体觉得到更好的发展。

第三节　儿童感觉统合之本体觉活动的过程及评价

一、儿童本体觉活动的类型及其目的

儿童本体觉活动分为以下几个类型。

第一个是攀爬墙训练，其目的是提升四肢肌力，促进本体感觉的发展，奠定身体知觉度，增加孩子对空间的感知能力，提高运动计划能力。

第二个是平衡踩踏车加抛接球训练，其目的是促进前庭觉、本体觉系统综合功能发展，提升双侧协调能力、身体概念、运动计划能力及视觉追踪能力。

第三个是跳圈训练，其目的是提升本体觉发育，增加下肢肌肉力量，锻炼跳跃能力和平衡协调性。

第四个是障碍俯趴训练，其目的是提升本体觉发育、肌肉耐力和身体协调性，刺激左右脑均衡发展，降低触觉敏锐度。

第五个是指五官训练，其目的是锻炼孩子的反应能力和本体觉，提升自我认知度，提升手指精细动作发展。

第六个是定点投篮训练，其目的是提升手臂控制能力、肌耐力及视动整合能力，提升四肢稳定性和专注力。

总而言之，我们可以了解到感觉统合是大脑和身体互相协调学习的过程，本体觉在其中扮演着非常重要的角色，当人体本体觉系统发展完善，配合其他感知觉发展并与大脑形成良性互动时，感觉统合也会进入一个较好的状态。

二、本体觉活动案例

本节的活动过程分别从活动环境、活动形式、活动器材、活动内容等方面进行描述，以求达到促进儿童精细工作的开展，提高儿童运动觉、位置觉感受等分目标，从而达到使儿童本体觉正常发展的大目标，进而达到加强幼儿感觉统合能力的总目标。

活动一：走扁带

活动环境：室内活动馆（建议）或室外操场均可。

活动形式：单人活动。

活动器材：儿童扁带（图3-1）。

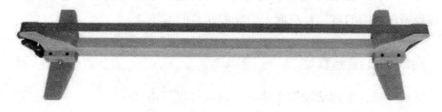

图3-1　儿童扁带

活动准备：通过紧绳器将扁带拉紧，拉得越紧扁带弹性越小就越容易行走。

活动内容：初次体验时，儿童在教师的搀扶下赤脚站上扁带，在固定点附近上下晃动以熟悉扁带，待熟悉完毕后，教师扶着儿童从某一固定点走向另一固定点，往返数次（次数由儿童适应程度决定），等儿童可自行在扁带上保持平衡后，教师便可松开搀扶手，让儿童独自游玩扁带。如果儿童害怕独自登上扁带摔跤，教师可将扁带放置墙边，让儿童扶墙独自游玩。

活动注意事项：建议儿童眼睛目视前方以保证身体平衡；告知儿童不要横踩扁带，横踩扁带受力面积小，不易保持平衡；在游戏初期可让孩童从扁带上跳下从而达到转身的目的，在游戏后期可让儿童在扁带上完成转身。转身过程如下：转身时先要稳住扁带，保持其不晃动，然后先一只脚转向横踩扁带（前后脚均可），稳住后再双脚突然转向为顺踩扁带，用双手和腰脚配合调整身体，稳住扁带的晃动。

活动创新：将班上儿童以男男、女女形式相互配对，每组两人，各组两人分别站上扁带的两端，待双方儿童在扁带上保持平衡后，教师将事先准备好的棒状气球交予双方，儿童可使用气球轻推对方，以另一方落下扁带为胜利条件。该活动创新形式具有竞技性，建议中班及以上儿童进行游玩，小班儿童以活动基本游玩形式为主，在活动进行前，教师应选取两名儿童进行操作示范，告知儿童不要用气球用力击打对方，轻推即可，以免造成儿童身体受伤。

活动评价：儿童熟悉扁带的过程，就是儿童协调自身身体与外部环境的过程。在此过程中，儿童可以锻炼自己身体的平衡觉以及自己腿部的肌肉，从而达到锻炼儿童本体觉的目标。在创新活动中，儿童抓握棒状气球可以锻炼儿童手部肌肉的精细动作能力，在保持自身平衡的状态下，用棒状气球轻推对方，既可以促进儿童在游戏过程中对力道的掌控，又可以进一步的提升对自身平衡状态的掌握，从而大力发展儿童的本体觉。

活动二：滚圈套物

活动环境：室内活动馆（建议）或室外操场均可。

活动形式：单人活动。

活动器材：套圈数个、中型玩偶一个、软垫一张。

活动准备：将软垫铺在地上，软垫左侧放置中型玩偶，软垫右侧放置套圈。

活动内容：教师让儿童躺在软垫中心位置，引导儿童通过转动身体将软垫右侧的套圈套在软垫左侧的玩偶身上。如此反复，直到右侧套圈全部套在左侧玩偶身上。

活动注意事项：确保软垫上无异物，防止孩童在转动身体时受伤；套圈和玩偶应放置位置距离儿童不宜过远或过近。

活动创新：游戏初期可以让儿童睁眼完成活动，游戏后期可以先用毛巾等柔软物品遮住儿童的眼睛，再让儿童完成活动。

活动评价：儿童抓取软垫右侧的套圈，可以锻炼儿童的手部肌肉；幼儿在软垫上完成整个翻身过程，可以锻炼儿童保持身体平衡、统合运动觉和位置觉的能力；儿童将套圈套在玩偶身上，可以锻炼儿童在躺平状态下判断物品位置的能力。活动创新中，将儿童的眼睛蒙住完成活动，是将本体觉与视觉联系起来锻炼儿童的空间知觉能力，促进脑神经发展，进一步提高幼儿的感觉统合能力，增强儿童运动的高度动作计划能力、肌肉协调能力和方向感。

活动三：平衡跷跷板

活动环境：室内活动馆（建议）或室外操场均可。

活动形式：单人活动。

活动器材：轨道球平衡板（图 3-2）。

图 3-2　平衡跷跷板

活动准备：将平衡板放在地面上即可。

活动内容：活动第一阶段，教师引导儿童双脚踏上平衡板，双手扶握住儿童的双手，指导儿童运用双腿肌肉左右晃动，待儿童熟悉平衡板后，可松开双手，让儿童自行游玩。活动第二阶段，教师可将轨道球从洞中取出，放置在双 S 形轨道上，让儿童通过双脚肌肉使平衡木左右晃动以达到球在轨道上来回转动的游戏目的。

活动注意事项：在儿童游玩平衡木前教师应告知儿童晃动幅度不宜过大，以免儿童从平衡木上跌落，造成身体伤害；教师应明令禁止儿童在平衡板上上下跳动，以免儿童双脚不慎跳入 S 形轨道，致使儿童脚部发生扭伤。

活动创新：教师可用毛巾等柔软遮蔽物遮住儿童眼睛，待儿童适应蒙眼状态下保持自身在平衡木上的平衡后，通过"向左""向右"等言语指导幼儿将轨道球从左边起点运送到右边终点。

活动评价：此活动将锻炼性与娱乐性融为一体，平衡木锻炼儿童在运动状态下对腿部肌肉的控制，而轨道球的存在又提升了平衡木这项活动的娱乐性，让儿童游玩起来不会感到无聊，提高专注力。活动创新后，儿童蒙眼在教师的言语指导下游玩平衡木，是将儿童的本体觉和听觉联系在一起，而活动本身又是在锻炼儿童的平衡觉。这样一来，此活动以一种形式锻炼了儿童本体觉、前庭觉、听觉三大维度，极大地提高了儿童的感觉统合能力。

活动四：小脚运输

活动环境：室内活动馆（建议）或室外操场均可。

活动形式：双人活动。

活动器材：置物箱一个、软垫一个、玩偶数个。

活动准备：将软垫平铺在地面上，儿童仰躺在软垫上，置物箱放置在软垫上，位于儿童头部上方，儿童双脚在软垫上弓起，另一位儿童盘腿坐在软垫上，位于儿童双脚下方。玩偶放置于盘腿坐儿童双手可拿取的地方。

活动内容：在此双人活动开始之前，教师应找寻一名搭档配合自己完成活动演示。活动过程具体如下：搭档儿童平躺在软垫上，教师盘腿坐，儿童将手边玩偶传递给搭档，搭档用双脚接住，并将玩偶通过双脚运送至双手，双手再将玩偶放置于置物箱中，如此反复，直到玩偶全部放置于置物箱中。教师演示完毕后，将儿童两两分组，儿童即可按照教师演示自行游玩。

活动注意事项：此活动为双人活动，应提醒儿童在游玩过程中不要伤及同伴，传递玩偶过程不易用力过猛，不可将玩偶丢向同伴。

活动创新：教师可用毛巾等柔软遮蔽物蒙住平躺儿童的双眼，运送玩偶过程跟未创新前一致，但在平躺儿童用双手将玩偶放置于置物箱这个过程中，教师应给予平躺儿童一定的言语指导，使平躺儿童正确地将玩偶放置在置物箱中。

活动评价：此活动不再是单一地训练儿童的手部或者脚部肌肉，而是锻炼儿童整个身体。在儿童用双脚接取玩偶并运送玩偶到双手中的整个过程中，锻炼儿童对腿部肌肉的掌控；在儿童用双手运送玩偶至置物箱中，锻炼儿童对手部肌肉的掌控，以及对自身肢体位置的感知力。活动创新后，鉴于儿童可能无法正确指导同伴蒙眼将玩偶放置于置物箱中，活动形式由双人活动转变为单人活动，但增多儿童在蒙眼状态下游玩活动，有利于儿童克服黑暗环境，从而增强儿童的自信心，使儿童健康快乐成长。

活动五：双脚运输

活动环境：室内活动馆（建议）或室外操场均可。

活动形式：单人活动。

活动器材：硬度适中棍棒一根、玩偶数个、置物箱一个。

活动准备：教师将玩偶和置物箱放置于地面。

活动内容：教师和儿童均站在玩偶放置处，教师双手握住棍棒，左手握住棍棒的左端，右手握住棍棒的右端，儿童双手抓住棍棒中间，依靠教师的力量使双脚离地，双脚高度高于玩偶即可。儿童用双脚夹起玩偶，然后将玩偶丢进置物箱里面即可。

活动注意事项：棍棒软硬程度适中，质量不佳的棍棒易损易断裂，会导致儿童从高处坠落，造成身体受伤；教师在每次活动进行前应检查棍棒受损程度，及时更换棍棒。

活动创新：在活动基本形式中，玩偶和置物箱放置于一起；在活动创新中，可以将置物箱放置于距离玩偶 0.5 米处，待儿童熟悉该距离后，还可以增加难度，将置物箱放置于距离玩偶 1 米处，儿童依靠身体的摆动将玩偶投入置物箱。

活动评价：该活动属于娱乐型活动，竞技性较弱，对于幼儿园大班儿童来说，可能相对枯燥，但如果教师数量允许的话（建议两名教师），可以通过比赛的形式组织活动，获胜条件多样，可以是规定时间内置物箱玩偶的数量，也可以是规定玩偶数量所消耗的时间。儿童在该活动中用手抓握棍棒的同时，还要用双脚将玩偶丢进置物箱，这个过程不仅锻炼了儿童的手臂力量和腿部肌肉，还提高了儿童的身体协调能力和耐力。

活动六：袋鼠跳

活动环境：草坪（建议）、室内活动馆、室外操场均可。

活动形式：团体活动。

活动器材：布袋数个、路障标志数个、计时器一个、袖章数个。

活动准备：教师用彩色胶带在地面上制造出数条赛道，随后将班上的幼儿根据赛道数量进行分组，每个赛道起点处放置一个布袋和一个路障标志，赛道重点处放置一个路障标志，计时器用于活动计时。

活动内容：教师将班上儿童分组后，选取一名儿童担任本组队长，并给予各组队长红色（其他颜色均可）袖带，各组队长带领本组队员依次有序排队前往起点处，队长位于队伍首位，等候教师进行活动演示。活动演示如下：教师双脚踏进布袋中，双手将布袋提起，进行袋鼠式双脚跳跃，活动演示完毕教师询问儿童是否清晰活动动作，待儿童全部清晰后，讲解游戏规则。活动规则如下：各组队长为首发，教师等全体队长双脚踏入布袋准备完毕后，发出"开始"口令，各组队长从赛道起点袋鼠式跳跃至赛道终点，于赛道终点处完成转身，再从赛道终点处跳跃至赛道起点处，下一位队员进行接力，依次进行活动，用时最短的一组获胜。

活动注意事项：活动地面建议选取较为平坦、柔软的地面。活动进行前，教师应先检查活动地面，保证其无异物，防止儿童在跳跃的过程中不慎摔倒在异物上，造成身体二次受伤。

活动创新：该活动可以作为关卡游戏活动的一部分，在赛道起点和赛道终点处设置其他活动进行衔接，丰富活动内容；教师也可以在赛道终点处放置数个玩偶，儿童需要将放置于终点的玩偶运送回起点，每位儿童来回只可运送一只玩偶，活动时间固定，获胜条件改为在规定时间内，运送玩偶数量最多的队伍获胜；教师可将每组队员平均分为两个小队，一个小队位于赛道起点处，另一个小队位于赛道终点处，活动模式变为团队接力，每队队长依然为首发，获胜条件不变。

活动评价：该活动竞技性成分较多，推荐中班儿童进行基本活动形式，大班孩童进行创新活动形式，小班儿童取消比赛机制，可在活动区域内自己进行布袋袋鼠跳。在整个"袋鼠跳"活动过程中，儿童要在布袋这个限制下，协调四肢，保证自身平衡，而跳跃本身可以锻炼儿童的腿部肌肉；儿童抓握布袋不放，可以在锻炼儿童的手部肌肉。虽然本体觉活动大多数都可以采用蒙眼式方法进行创新，但本活动蒙眼进行对儿童的身体素质要求过高，违背了准备性原则，所以不采用。

活动七：手推车

活动环境：室内活动馆（建议）或室外操场均可。

活动形式：单人活动。

活动器材：杯子数个、小物品（能放入杯中即可）数个。

活动准备：教师将杯子放置于地面，杯子旁边放置小物品。

活动内容：儿童面部朝下平躺地面上，教师双手抓握孩童的双脚，儿童双手撑地，教师双手抬起儿童的双脚配合儿童身体升起，儿童依靠双手在地面上爬行，将杯子旁边的小物品捡起投放至杯中。

活动注意事项：活动进行前，教师应检查活动地面，如果活动地面粗糙，可放置软垫、瑜伽垫至地面，活动改由在软垫上进行；教师抬起儿童双脚幅度应根据每位儿童的实际情况而定，幅度过低会导致儿童爬行吃力，幅度过高会导致儿童身体不适。

活动创新：活动轨迹可以由无限制变为限制，条件充足的可以将小木桩放置于地面，设置轨道，儿童须根据教师铺设的轨道进行爬行；条件不充足的可以用书本代替小木桩，或者其他适合儿童双手支撑身体的平面物体即可；该活动也可蒙眼进行，教师可用毛巾等柔软遮蔽物蒙住儿童的双眼，幼儿在教师的言语指导下进行活动。

活动评价：该活动属于小型活动，可作为两个大型活动之间的调节活动，活动不需要特别精心准备，适用场合广。活动主要锻炼的是儿童在特殊身形状态下，对手部肌肉力度的掌控和对身体平衡的掌握，活动整个过程可以锻炼儿童的专注力和耐力。在难度增加的同时，危险度也随之增加，教师要注意儿童在各个小木桩之间爬行的时候是否安全，防止儿童未找准小木桩的正确位置而造成儿童身体受伤的情况。中班及以上儿童还可以将两个创新形式结合为一体，同时锻炼儿童的本体觉、听觉、触觉、前庭觉，大力发展儿童的感觉统合能力。

活动八：跳跳球

活动环境：室内活动馆（建议）或室外操场均可。

活动形式：单人活动。

活动器材：一张网、小球数个。

活动准备：该活动需要两名教师参与。

活动内容：教师将小球放置于网上，两名教师分别站在网的两边用手拉住网，将网抬起，高度位置为儿童跳跃起来头部能碰到的位置，儿童站在网下，跳跃用头顶网上的小球，将小球顶掉至地面。

活动注意事项：活动地面不宜为湿滑地面，儿童在跳跃落地的时候，常常难以掌握身体重心，地面过于湿滑会增加儿童跳跃摔倒的风险；教师在活动过程中，应及时关注儿童运动状况，以防出现由于儿童过于兴奋，跳跃幅度与跳跃速度过大不慎摔跤的情况。

活动创新：两名教师可以慢速移动网，儿童跟随教师移动轨迹进行跳跃顶球。

活动评价：该活动将本体觉与视觉联系到一起，锻炼儿童的跳跃能力和空间感知能力。在创新活动中，儿童需要预判教师的移动轨迹，提前站到网即将运动到的位置，其锻炼儿童预测现实世界中事物发展规律的能力，促进儿童身心一体发展。

活动九：开合跳

活动环境：室内活动馆。

活动形式：单人活动。

活动器材：无。

活动准备：无。

活动内容：教师坐在活动地面上，将双手并拢伸直，儿童双腿叉开站在教师膝盖处，双臂张开，教师用双手扶握儿童双臂。儿童在教师双脚张开和收拢的同时起跳。

活动注意事项：教师双腿上叉开、收拢速度不应过快，以免孩童跳跃反应速度慢，造成儿童双腿受伤。

活动评价：该活动限制少，难度低，适用于幼儿园小班班级，对于中班和大班的儿童，游戏相对简单、枯燥，不建议进行该活动。儿童在活动过程中，需要时刻关注教师的双腿运动情况，可以锻炼儿童的反应能力和专注力，而跳跃的过程又锻炼了儿童的腿部肌肉和身体协调能力。

活动十：风筝收线

活动环境：室内活动馆（建议）或风雨操场均可。

活动形式：多人活动

活动器材：棍棒数条、棉线数条、玩偶数个

活动准备：教师根据班上儿童人数将棉线分成等份，棉线一端缠绕棍棒，另一端缠绕在玩偶身上。教师将玩偶并排放在房间的一端，并向另一端滚动棍棒。

活动内容：教师与儿童并排坐在棍棒面前，双手抓住棍棒，通过滚动棍棒将玩偶拉至自己手中。

活动创新：教师可以和儿童一起比拼谁玩偶收得最快，通过比赛机制调动儿童的积极性，同时能增加游戏乐趣。

活动评价：该活动主要锻炼儿童手部肌肉，提升儿童手部精细工作的能力，从而促进本体觉的发展。与此同时，比赛的形式也能锻炼儿童的专注力。

活动十一：蒙氏走线

活动环境：室内活动馆（建议）或风雨操场均可。

活动形式：单人活动。

活动器材：彩色胶带。

活动准备：教师在地面上贴上彩色胶带，轨迹形状呈锯齿状。

活动内容：儿童沿着教师在地上贴着的彩色胶带轨道脚跟顶脚尖行走。

活动注意事项：儿童在一开始体验活动的时候可能有重心不稳的情况，教师可以适当地鼓励儿童，调整儿童的行走节奏和呼吸来使儿童稳定行走。

活动创新：教师可以在地面上贴上不同颜色的彩色胶带，规定儿童沿着其中一个颜色的胶带行走；教师可以令儿童坐在枕头上沿着彩色胶带进行挪动。创新活动 1 准备：教师可以在地面上用彩色胶带贴上长方形轨道，轨道起点即轨道终点，轨道终点处放置一个置物箱。创新活动 2 准备：教师令孩童双手持球在背后，沿着铺设好的轨道行走，行至终点时将球放置于置物箱内。

活动评价：该活动属于经典的感觉统合训练活动，虽然基本活动形式简单，但活动难度低，2 岁的儿童就可以开始游玩，其对本体觉的训练主要在其创新形式中，创新活动 1 可以锻炼儿童的空间逻辑思维，创新活动 2 可以锻炼儿童的下肢力量和身体协调能力，还可以锻炼儿童的手部肌肉和身体平衡觉。

活动十二：巧过高低棍棒

活动环境：室内活动馆。

活动形式：多人活动。

活动器材：棍棒一个。

活动准备：儿童依次排队靠墙站好，教师站在队伍最前方。

活动内容：教师蹲伏在墙边，手持棍棒的一端，另一端抵着墙体；通过调整棍棒的高度，使儿童选择爬行或者跳跃的方式通过棍棒，儿童依照排队顺序进行。

活动评价：该活动危险系数低，基本不会出现儿童在游玩时受伤的情况。与此同时，活动的娱乐性也低，可能会出现儿童一开始兴致勃勃，但随着活动的进行，热情逐渐消退的情况，这意味着教师要根据实际情况调整活动策略，保持儿童的活动积极性。此活动需要儿童根据实际情况，选择合适的通过方法，锻炼了儿童的空间知觉能力和身体协调能力。

活动十三：快递车

活动环境：室内活动馆（建议）或室外操场均可。

活动形式：多人活动。

活动器材：玩偶数个、置物箱一个。

活动准备：教师将置物箱放置于房间中心的地面上，玩偶放置于儿童的身边。

活动内容：儿童趴在地面上，身体呈爬行状，教师将玩偶放置于儿童背上，孩童需要在保持背上玩偶不掉的情况下将玩偶运送至置物箱内。

活动创新：该活动可以作为团体活动进行，教师将班上儿童分为两组，一组位于房间左侧，另一组位于房间右侧，置物箱位于房间中心，两组孩童需要在规定时间内背运玩偶至置物箱内，运送数量多的一组获胜。该活动也可作为单人活动进行，教师可以用毛巾等柔软遮蔽物遮住儿童的眼睛，儿童在教师的言语指导下，控制爬行方向，将玩偶背运至置物箱内。

活动评价：该活动变化形式多样，既可作为多人活动简单进行，也可作为单人活动和团队活动进行。在基本形式活动中，可以锻炼儿童的四肢力量和平衡感。作为团体活动进行的时候，虽然其活动功能未增加，但其比赛形式的改变，增加了活动乐趣，提高了儿童的活动积极性。作为单人活动进行时，可以锻炼儿童的本体觉和视觉，不仅加强了儿童的手部腿部肌肉力量，还提高了儿童在黑暗空间中的适应力。

活动十四：摇摇船

活动环境：室内活动馆（建议）或室外操场均可。

活动形式：单人活动。

活动器材：软垫一张。

活动准备：教师根据班上儿童数量准备软垫。

活动内容：教师让儿童躺在软垫上，双手抱膝，身体屈起呈球状，前后或左右摇动即可。

活动注意事项：教师应提醒儿童摇动幅度不宜过大，以免造成儿童身体部位受力过猛而产生受伤的情况；教师根据儿童的身体实际情况制定摇动数量，儿童如果是第一次体验活动，摇动数量建议为 20 下，前后、左右各20 下。

活动评价：该活动内容简单，主要目的是探查儿童本体觉的发展状况，适用于幼儿园小班儿童。儿童可以在前后、左右摇动的时候，体验自身身体状况，有利于儿童对自己的身体进行初步探索，增加本体感觉，为之后的感觉统合训练打下良好基础。

活动十五：小狗叼球

活动环境：室内活动馆（建议）或室外操场均可。

活动形式：单人活动。

活动器材：海洋球一个。

活动内容：教师让儿童以小狗爬的方式，用下巴及单侧肩膀夹着一个海洋球，由屋子的一端爬行到另外一端。

活动注意事项：不可低头将沙包夹在胸前；观察儿童是否可以控制方向，沙包是否经常掉下，是否失去平衡甚至跌倒。

活动创新：

创新形式1：该活动可以作为多人活动进行，教师让儿童有序排好队，儿童依照顺序进行爬行。

创新形式2：该活动可以作为团体活动进行，教师将儿童分为两组，由儿童自行选择本组队长，各组队长将本组成员对半分成两小组，一组在房间左侧，一组在房间右侧，比赛形式为接力赛，由队长第一位出发。

创新形式3：在创新形式1的基础上，可以增添木头人的玩法，即将爬行代替经典木头人中的行走，其他规则保持不变，儿童需要在整个游戏过程中保持海洋球不掉落，海洋球掉落则视为淘汰。

活动评价：活动基本形式简单易懂，幼儿园小班儿童即可游玩，且活动形式多样；当班级成员多的时候，可以作为多人活动进行，当班级成员兴致不高时，可以作为团体活动进行；当面对中班及大班儿童时，可以增添其玩法。该活动可以锻炼儿童在爬行状态下，对身体脸部、肩部肌肉的控制，同时增加其身体协调一致性。在创新形式3中，将本活动与传统儿童活动"木头人"相结合，发挥活动基本功能的同时，可以锻炼儿童的反应力和专注力，大大促进儿童身心的发展。

活动十六：过山洞

活动环境：室内活动馆。

活动形式：团体活动。

活动器材：无。

活动准备：教师将班上儿童按照5个人一组的规模进行分组。

活动内容：教师分组完毕后，选取一组作为示范组。教师令示范组儿童站立于房间左端，右手（左手）向前伸直撑在墙上，使身体与墙面呈15度角，左手（右手）插在腰上，同时眼睛看向墙体另一面。第一名孩童弯腰通过后面4名孩童用身体制造的山洞，在通过第四名孩童后，模仿前4名孩童的姿势，待第一名孩童完成上述行为后，第二名孩童进行接力，5名孩童依次进行，直到进行到房间右端。

活动注意事项：教师应注意观察孩童是否可以维持一手撑墙一手叉腰的

姿势；观察孩童碰到墙壁或者被人碰到时是否有感觉，对于触碰有无排斥或敏感现象。

活动创新：该活动可以作为多人活动进行，教师挑选班上两名儿童出列，另外儿童按照活动内容所述的动作作为"山洞"，出列的两名孩童弯腰，后一名孩童双手搭在前一名孩童的肩膀上，一起匀速通过"山洞"。如果时间充足、人数允许的话，教师可以轮流让班上儿童体验弯腰通过"山洞"。

活动评价：该活动主要考查儿童弯腰行走时，是否能掌握自身的重心，从而避免碰撞墙壁和同伴，同时主要考查儿童对于外界的主动和被动触碰是否敏感。儿童对身体部位的觉察是对自己身体的初步感觉，对外界触碰过度敏感或无感都是儿童本体感觉发展迟缓的现象，教师应当对此多加关注。

活动十七：踩高跷

活动环境：室内活动馆（建议）或室外操场均可。

活动形式：单人活动。

活动器材：玩具高跷一个。

活动准备：教师向儿童示范如何使用玩具高跷。

活动内容：教师双脚踏上玩具高跷，弯腰用双手提起拉线，双手配合双脚进行行走。儿童可以用玩具高跷来行走或者跨越障碍物。

活动注意事项：

（1）教师观察儿童是否害怕不敢移动。

（2）教师观察儿童手脚是否配合。

（3）教师观察儿童两侧是否交互移动。

活动创新：

创新形式1：教师可以在地上放置标志筒作为障碍，儿童需要控制玩具高跷来绕过标志筒，达到终点。

创新形式2：教师可以用砖块加木板组成"独木桥"，儿童需要控制玩具高跷来通过独木桥。

创新形式3：教师可以将以上两种创新形式配合比赛形式进行，前提条件是儿童能熟练地掌握玩具高跷，以免出现儿童在活动过程中出现跌倒受伤的状况。

活动评价：该活动基本形式锻炼到儿童的身体协调能力以及手部和腿部

肌肉的控制能力。在创新形式 1 中，儿童控制高跷绕过障碍物，可以锻炼幼儿本体感觉的基础上发展其反应力和注意力。在创新形式 2 中，儿童控制高跷通过独木桥，可以锻炼儿童的专注力和平衡能力。在创新形式 3 中，通过比赛的形式游玩活动，是为了调动儿童的活动积极性，在游戏中发展儿童的感觉统合能力。

活动十八：空手接沙包

活动环境：室内活动馆（建议）或室外操场均可。

活动形式：单人活动。

活动器材：儿童小滑板一个、沙包一个。

活动准备：教师指导儿童趴在小滑板上，起始点为房间左端，终点为房间右端。

活动内容：教师在起点处指导儿童完毕后，行至儿童滑行轨道一半的位置，手拿沙包蹲下。在教师命令儿童出发后，儿童双脚轻蹬墙壁，趴在滑板上向前滑行，教师在儿童即将滑行到半途时，将手中沙包轻轻丢向儿童，幼儿需要在滑行途中，用手接住沙包。

活动注意事项：在活动开始前，教师应全程陪同儿童游玩小滑板，并告知儿童注意以下事项：

（1）脚蹬墙壁力度不得过大，若力度过大会导致滑行速度过快，儿童无法自行停止滑行，危险度高。

（2）在滑行过程中，儿童不得将手脚贴至地面，以免手脚在滑行中由于摩擦而破皮受伤。

另外，在滑行过程中教师应当注意：①孩童轨道是否为一条直线；②孩童速度是否在控制范围内；③孩童在滑板上是否能保持静止不动。

活动评价：该活动锻炼了儿童在凭借外物移动但自身身体却静止的状态下，对于自身身体的控制以及对外界其他物体运动轨迹的判断。活动中可能需要儿童具有自行控制滑板的能力，所以该活动建议幼儿园中班及以上班级组织，小班班级的儿童可以将接沙包这个环节删除，改为自行游玩滑板，但教师需要注意的是，小班班级儿童在移动滑板时，可能将双手放在滑板前方来滑动滑板，这样看似能使滑板在滑行途中加速度过快，但儿童可能无法及时将双手从滑板前方移开，从而导致儿童双手受伤。大班班级儿童可能会尝试站在滑板上滑行，教师对此可以不做过多干涉，儿童尝试站在滑板上滑行与儿童最近发展区的发展状态有关，教师只要保证儿童在游玩滑板时的安全即可。

活动十九：毛毛虫夹球走

活动环境：室内活动馆。

活动形式：单人活动。

活动器材：小球或者玩偶一个。

活动准备：教师观察地面是否粗糙，如果不适合儿童爬行的话，可以在儿童游玩区域铺设软垫。

活动内容：儿童坐在地上，双手后撑，双脚呈弓状，教师将小球或者玩偶放在儿童膝间，儿童用膝盖夹着小球（玩偶）向前爬行。

活动注意事项：

（1）教师观察儿童膝间小球是否会经常掉落。

（2）教师观察儿童双手与双脚之间配合是否协调。

活动创新：活动基本形式适宜小班班级儿童，但对于中班及大班儿童来说，游戏的趣味性不足，可能无法吸引儿童长时间游玩，所以教师可以通过比赛的形式来让中班及大班的儿童参与此活动，教师只用向儿童规定好起点与终点即可。

活动评价：该活动为儿童的本体感觉训练活动，其主要目的是锻炼儿童的四肢力量和身体协调能力，活动简单易上手，适合于小班儿童。

活动二十：拼积木

活动环境：室内活动馆。

活动形式：单人活动。

活动器材：积木。

活动准备：教师安排儿童在桌子面前坐好。

活动内容：教师可以让孩童用积木搭建房子或者根据积木说明书搭建物品。

活动注意事项：教师应时刻关注儿童不要误食小型积木。

活动创新：该活动形式可以改为多人游戏，让多名儿童在一起拼搭积木。

活动评价：该活动主要锻炼儿童的手部肌肉，大力发展儿童的手部精细工作的能力。创新形式建议在教师人数足够的情况下进行，以免出现教师人数不足从而导致部分儿童没有被照看到的情况，毕竟儿童误吞积木的情况不容小觑。

活动二十一：弹珠进洞

活动环境：室外操场（建议）或室内活动馆均可。

活动形式：单人游戏。

活动器材：弹珠数个，纸杯数个。

活动准备：教师将儿童带到室外操场，发给儿童数个弹珠（数量可据实际情况而定），在距离孩童 25cm 处放置纸杯，纸杯躺放至地面，杯口朝向孩童。

活动内容：儿童需要将手中弹珠通过手指弹射进纸杯内，当儿童能熟练地将弹珠弹射进纸杯内后，可以适当增加距离为 50 cm、75 cm、100 cm。

活动注意事项：

（1）弹珠为小型物品，教师应当注意儿童不要误吞弹珠，以免危及幼儿生命危险。

（2）纸杯可以由其他带有开口的物品平替，如广口瓶和细口瓶，这样既能增加活动乐趣，又能区分活动难度。

（3）教师应明令禁止儿童间相互丢扔弹珠，弹珠对于幼儿园这个年龄段的儿童来说材质过硬，儿童极大可能因为相互丢扔弹珠受伤。

活动创新：

创新形式 1：该活动可以改为多人活动形式进行，教师可以通过记号笔在地上框出一片区域（圆形、方形均可）。随后，将儿童按照顺序（按姓名首字母顺序或花名册顺序均可）依次排序，每位儿童各持 5 个弹珠；儿童在区域外依照顺序向区域内弹射弹珠，可以通过弹射自己的弹珠将他人的弹珠碰撞出区域外，最后每位儿童手上的弹珠弹射完毕后，区域内剩下弹珠最多的儿童获胜。

创新形式 2：该活动可以改为团体活动形式进行，教师将班上儿童平均分成两组，每组成员各持一个弹珠。随后，教师在 100 cm 外的区域内用记号笔画出 3 个同心圆，两组成员交替向区域内弹射弹珠，本队弹珠可以碰撞区域内本队弹珠，也可以碰撞区域内他队弹珠，落在最外围区域内的弹珠记

1 分，落在中间同心圆区域内的弹珠记 3 分，落在最内部同心圆区域内的弹珠记 5 分，当两组成员弹珠均弹射完毕后，得分最高组获胜。

创新形式 3：该创新形式为基础形式上的修改，活动原理不变，教师可以将纸杯用折叠纸或者薄木板来代替，主要目的是让儿童通过弹射弹珠将折叠纸或者薄木板击倒，加强击中反馈，刺激儿童大脑皮层，增加游戏成就感。

活动评价：该活动适用范围广，从幼儿园的小班到大班均能愉快体验。活动的基本形式主要目的是锻炼儿童的手部精细工作能力，令儿童更清晰地感受自身肢体的小变化，发展自身本体感觉。创新活动中，儿童为了自己或者本队获得胜利，通常会在活动中更加专注，这样一来，创新形式不仅提高了游戏乐趣性，而且锻炼了儿童的专注力。

活动二十二：接吸盘球

活动环境：室外操场（建议）或室内活动馆。

活动形式：双人活动。

活动器材：吸盘球、吸盘。

活动准备：教师根据本班人数准备相应数量的吸盘球和吸盘。

活动内容：教师向儿童演示如何使用吸盘和吸盘球。演示过程如下：教师选取一名儿童或者另一名教师作为自己的搭档，教师手中拿吸盘球，搭档手中拿吸盘，教师与搭档之间距离为 100 ~ 150 cm，距离可以随熟练程度调整，随后，教师将自己手中的吸盘球丢向搭档，搭档需要用吸盘接住吸盘球。

活动注意事项：

（1）幼儿之间向对方丢吸盘球的时候要注意力度和方向，以免吸盘球对同伴造成伤害。

（2）幼儿之间游戏角色可以互换，建议吸盘和吸盘球均体验到。

活动创新：

创新形式 1：当班上人数为单数或者部分特殊情况出现时，活动可以改为单人活动进行，教师可以将吸盘放置于地面或者固定到墙上，孩童可以独自将手中的吸盘球扔向吸盘。

创新形式 2：该活动可以改为多人活动进行，教师可以将儿童以 3 人一组的形式进行分组，小组其中一名孩童手拿吸盘站在距离同伴们 100 cm 处，另外的两名小组成员一起同时向手拿吸盘的儿童扔吸盘球，手拿吸盘的儿童需要接住另外两名小组成员的吸盘球。

创新形式 3：该创新形式以创新形式 2 为基础，不同的是，手拿吸盘的儿童匀速左右移动，另外两名小组成员需要在吸盘运动的情况下，将手中的吸盘球扔向吸盘。注意：另外两名小组成员不需要同时丢吸盘球，可以分前后顺序。

活动评价：活动基本形式和创新形式 1 适用于幼儿园小班班级，创新形式 2 和创新形式 3 适合幼儿园中班及以上班级。该活动基本形式旨在锻炼儿童的手部肌肉和手部精细工作能力，双人活动形式也能提高儿童的合作能力。无论是创新形式 2 还是创新形式 3，均在考验儿童的反应力和专注力，将儿童的本体觉、前庭觉和视觉联系到一起，大力发展儿童的感觉统合能力。

活动二十三：老鹰捉小鸡

活动环境：室外操场（建议）、室内活动馆。

活动形式：团体活动。

活动器材：无。

活动准备：教师将班上儿童以 5 人一组的形式进行分组，每组选派一名儿童为队长，每组队长在面对其他队伍时，分别扮演"老鹰"和"鸡妈妈"的角色，每组成员扮演"小鸡"的角色。

活动内容：活动以两组一团的形式进行游玩，一组为队伍 A，一组为队伍 B，队伍 A 队长扮演队伍 B 的"老鹰"，队伍 B 队长扮演队伍 B 的"鸡妈妈"，队伍 B 其他成员扮演"小鸡"，反之同理。"老鹰"需要在规定时间内抓到位于队伍最尾的"小鸡"，"鸡妈妈"则要张开双臂通过左右移动保护身后的"小鸡"，"小鸡"在"鸡妈妈"身后需要哈着腰，抓着前一位"小鸡"的衣服尾巴，防止被"老鹰"抓到。在游戏过程中，"小鸡"不得松开双手，也不得脱离队伍，出现以上两种情况，视为"老鹰"抓住"小鸡"。

活动注意事项：教师在活动开始前，应告知儿童游玩过程中应注意事项，如"老鹰"和"鸡妈妈"在对抗的时候不要用手击打对方或用手指抓伤对方；"小鸡"在抓同伴衣服时，抓取力度不宜过大，以免造成同伴衣服受损或失误绊倒同伴。

活动创新：

创新形式 1：对于幼儿园大班班级儿童来说，可以将全员双脚奔跑的形式改为全员单脚跳的模式。

创新形式 2：由于在传统"老鹰捉小鸡"的活动中，被抓的小鸡会下场待在"鸡笼"里无法参与剩下的活动，教师可以在活动区域内再规划一个"复活点"，当队伍最后一名"小鸡"手碰手触碰到"复活点"里面的队友时，队友即可重新进入活动，衔接在队伍的尾巴处。

创新形式 3：教师可以根据当天活动实际情况，让被淘汰的"小鸡"轮流当"鸡妈妈"，这样每名儿童都有机会体验活动中的所有角色。

活动评价：该活动为民间传统活动，耳熟能详，其活动基本形式能锻炼儿童的身体协调能力和团队合作能力，创新形式 1 中的单脚跳模式可以锻炼儿童的平衡感觉和腿部肌肉力量，创新形式 2 中的触摸在活动环境下可以帮助儿童接触他人，有利于发展儿童的本体觉。

活动二十四：丢沙包

活动环境：室外操场（建议）或室内活动馆。

活动形式：多人活动。

活动器材：沙包一个。

活动准备：教师用标志筒或者粉笔在地上规划出一片区域，随后在班上挑选两名幼儿站在区域两侧，其他幼儿位于区域内。

活动内容：教师将沙包给予站在区域两侧儿童的其中一名儿童，在教师下达活动开始的指令后，手拿沙包的儿童可以向区域内的儿童扔沙包。区域内儿童需要躲避沙包，在躲避过程中被沙包丢中则视为淘汰，需要及时从区域内离开，只能在区域外观看活动。

活动注意事项：

（1）区域外幼儿丢扔沙包时，瞄准点不得为同伴的头部，且丢扔沙包的力度不宜过大，以免砸伤同伴。

（2）区域内幼儿在移动躲避沙包的过程中，在注意沙包的同时，还应注意同伴位置，以免在移动过程中撞到同伴。

活动创新：

创新形式 1：为了更好地提高幼儿的活动参与度，区域内被沙包击中的幼儿可以加入区域外丢沙包的阵营，但沙包数量保持不变。

创新形式 2：为了提高游戏难度，可以提高区域外丢沙包的人数，方型区域可以抢人数提高到 4 人，圆形区域可以将人数提高到 3 人，区域外幼儿每人手持一个沙包，区域内幼儿需要注意来自不同方向的沙包并及时躲避，但被"淘汰"的幼儿不继续参与到区域外的扔沙包活动中。

活动评价：该活动的基本形式中，丢沙包的过程旨在锻炼幼儿的手部肌肉和精细工作能力，躲避沙包的过程旨在锻炼幼儿的专注力和反应力。两种创新形式主要是为了提高活动乐趣性和幼儿参与度，使幼儿能被活动吸引并投身于活动中。

活动二十五：击鼓传花

活动环境：室内活动馆（建议）或室外操场。

活动形式：多人活动。

活动器材：花球或者玩偶一个。

活动准备：教师将儿童带领至活动区域，儿童围坐成一个圈，教师也可以参与其中。

活动内容：教师将花球（玩偶）给予一名儿童的手中，并发出"活动开始"指令，指令下达后，教师蒙眼按节奏拍动手掌，儿童根据拍掌节奏顺时针传递花球（玩偶），教师在随机时间结束拍掌，儿童停止传递花球（玩偶）。如果教师参与活动，则用音乐播放器播放音乐代替教师拍掌，音乐停止，花球（玩偶）停止传递。

活动注意事项：教师应告知儿童，拿到花球并不意味着会接受惩罚，以免儿童为了避免惩罚而在活动中出现推搡、过度丢扔花球的现象。

活动创新：教师令儿童围圈坐在活动区域，双腿向前伸直，传递方式固定为，从大腿的右侧平行传递到大腿的左侧，且传递方位需对称，儿童在传递过程中需时时刻刻平视前方，教师在活动过程中，观察儿童是否能正确地传递花球（玩偶），放置位置不会出错。

活动评价：该活动对儿童本体觉的发展主要体现在其创新形式中，幼儿需要在目视前方的条件下，将大腿右侧的花球（玩偶）放置在大腿左侧对称的地方，此行为需要在儿童下意识的状态下进行，旨在锻炼儿童的本体感觉。虽然击鼓传花的基本形式只锻炼了儿童的手部工作能力，但其作为民间传统游戏，应当传承并创新下去。

第四章　儿童感觉统合之触觉活动设计

第一节　儿童感觉统合之触觉活动的目标

　　每个人的触觉感知都是多样的。例如，日常的温度、触觉压力、重量以及厚度、纹理和振动等各种各样的外界刺激，这些外界刺激构成了客体和范围被触觉感知。视觉、听觉等其他感觉系统由于自身的维度是单一的，能客体性地观看目标。触觉是各种感官中与情绪、情感联系最紧密的感觉器官。很多家长对孩子各种需求的回应式照护也是依靠触觉感受来接收信息的。儿童出生后，来自生活中的各种感官体验都会刺激大脑神经元的发育，舒适的触觉体验会让宝贝接收到安全与愉悦的感受。这些感受非常有利于大脑发育。皮肤带来的这些感觉，也会被大脑记忆。

一、触觉研究的起源

　　对于不同的触觉刺激，我们的大脑都很擅长辨识，特别是其物理性质，不过，还有另一个与情感直接联结的触觉网络。譬如，在轻柔的抚摸下，身体在接受触觉刺激信号后利用特别存在的神经回路使人产生愉悦开心的情绪。专家将其命名"情感性触觉"的网络，并研究发现他对人际关系，社会化大脑有着一定的促进作用。

　　早在 1939 年，瑞典神经生理学家左特曼在猫的皮肤上观察到一群独特的 C 纤维（C fiber），与传送痛觉的 C 纤维明显不同。然而左特曼的发现在当时并没有受到重视，其他科学家甚至认为，即使人类的皮肤也有这些神经纤维，它们也仅是演化的遗迹，并无实质功能。这个发现遭尘封与忽略将近50年，直到1990年，瑞典的科学家才借由微神经电图（microneurography）技术，以极微小的电极插入单一的神经纤维中记录电生理讯号，重新注意到这群特异、同属于C纤维家族中的CT（C-tactile）纤维，证实它们存在于人类的脸部皮肤。不久之后，哥德堡大学的神经生理学家沃柏（Ake Vallbo）与同事也在有汗毛的前臂皮肤发现这群CT纤维。接下来20多年，神经生理学家致力于了解CT纤维的特性。例如2009年，哥德堡大学神经生理学家威斯伯格（Johan Wessberg）与洛肯（Line S. Loken）发表的研究指出，CT纤维对于那些动作缓慢、每秒移动5厘米的触觉刺激，反应特别强烈；有趣的是，人类最偏爱这个速率的触觉刺激，而在日常生活中，令人放松的按摩也是这个速率。2014年，艾克力（Rochelle Ackerley）等人所发表的研究让我们进一步了解这个神秘的CT纤维，他们发现，CT纤维特别偏好与体温相似的温度。

综合这些研究，我们可以发现，CT纤维对于与按摩相似的触觉刺激特别敏感，可能因为如此，CT纤维能够传达触觉刺激的情感性质。换句话讲，CT纤维的功能与其他触觉神经纤维不同。CT纤维不仅传送触觉的物理性质，更在心理层面给予我们独特的感受。也就是说，接受鼓励性的轻拍或轻抚时我们所感受到的愉悦并不仅仅是一个副产品，而是具有促进人际交流与互动的社会作用。正如领导情感性触觉研究的神经生理学家、英国神经生理学家麦格隆（Francis McGlone）所言，大脑报偿系统的作用之一便是促进人类进行对生存有利的行为。回顾演化史，那些互相合作的物种存活下来的概率较高，而亲密的肢体互动对于促进合作具有强烈的影响力。

目前也有研究发现，婴儿的大脑对触摸有所反应，显示CT纤维存在于儿童身上。适当的亲子触摸以及肢体接触，不仅对于儿童的身心发展有所助益，更能增进亲子之间的情感，有一个传达触摸的触觉系统，可以让新生儿知道亲近照护者的重要性，并因此得到照顾。

不过，所谓令人愉悦的触摸并不是一个具有客观定义的物理刺激。相反地，在解读触觉所引发的感受时，主观的认知、想法与情境往往具有极大的影响。例如，如果我们在地铁上突然被一位陌生人轻触，即便这样的碰触刺激了CT纤维，我们也不可能认为这是一种令人愉快的经验。可如果是去触碰你喜欢的人，CT 纤维就能时不时向他／她的大脑发出一种愉悦的指令。结果大概就是，每当他／她想到你，牵动的都是幸福快乐的那条神经。因此，人在儿童时期的触觉发展尤为重要。

二、触觉系统

触觉系统是人类所有的系统中最早发展、最宽泛、影响最大的系统，也更加是让孩子获得外界环境信息，并与外界产生联系和互动的必需感觉系统。我们通过皮肤的感觉接受细胞获得感觉信息，这些接收器分布全身上下的皮肤之中。轻微触碰、重压、皮肤伸展、振动、移动、温度、疼痛等触觉可以运行触觉接收器。蒙台梭利认为，在儿童时期，孩子们大多是通过自身的触觉去了解认识身边的事物的。比如，家长和教育者可能会注意到，不管是什么事物，宝宝们都会在好奇心的驱使下去触摸陌生的事物—这是因为他们尚在儿童期，只能利用简单的触觉去认识事物。因此，在早期的训练中，触觉训练将是重要的方面。比如，儿童会通过触摸羽毛会认识到物体的柔软；通过一个饼干盒认识到重量；通过用手触摸装热水器的盖帽认识到热；等等。

通过触觉的训练，儿童知道周围事物的特性，如毛毯是柔软的；水加热前是冷的，加热后是热的。市面有很多训练儿童触觉的教具，如触觉板、装有各种材料的盒子、橡皮泥、立体魔方。

自从出生之后感觉系统就开始运作，它为我们提供必要的信息，这些信息对身体意识、动作计划能力、视觉辨别、语言、学习成绩、情感安全和社交技能都有帮助。感觉系统使我们与世界和他人建立连接，产生联系和互动。

触觉分为简单触觉（原始的触觉保护或防御系统）和区辨性触觉（先进性的触觉系统）两种。

保护（防御）系统接收器主要分布在头部、面部、生殖器，轻微触碰就会产生相应的反应。随着友好的、没有危险的触觉经验的积攒，触觉防御的减敏，才能进入下一阶段的触觉能力，因而触觉的灵敏度是受早期的触摸经验决定的。

触觉辨别系统接收器主要分布在手掌、指尖、脚底、嘴巴、舌头，深层触碰会产生反应，包括深压、振动、路径的触觉感觉，如两点辨别、定位感、形状大小、在皮肤上的动作及路径以及重量感觉，区辨性触觉2岁之后发育。

最开始生成的感知觉中的触觉系统对刺激物的反应是非常剧烈和明显的，同时这个触觉系统的能力非常强，它在人类儿童时期极具存在感，儿童对外界刺激的反应受它的支配，常常表现为强烈的攻击行为和回避行为。当儿童的身体机能慢慢成熟，以及儿童长时间处于和外界的接触，如皮肤触觉被刺激或者是处于社会交流环境中，他们会渐渐对这些常见的刺激源"脱敏"。又如儿童刚出生时对于皮肤接触到的温度、被抚摸感等非常敏锐，但是之后会因为长期处于父母营造的安全环境中和进行各种社会适应性操作，渐渐地，个体的感觉器官就会变得不会那么敏感，他们与生俱来的防御机制会慢慢变成简单的社会认知系统。此外，随着儿童的社会生活经历的增加，他们的感觉系统将会增加更多的经验，实现自身的成熟，然后触觉系统会慢慢地自我调节和进化，他们能够对各种各样的外界刺激做出辨别，而且能形成相应的反应体系；他们能分辨常见的外界刺激物给予触觉系统的刺激，像衣服的布料、木头做的书桌的质感等进化为更细致的感觉系统，如个体能够在黑暗中摸索壁灯的开关，摸出不同钥匙的区别。在这样的发展历程中，个体发展出来的更高级的触觉体系会取代原先的最原始的触觉感知，个体的情绪控制能力也是这样获得的。主体处于有益的发展环境中可以优化自身的感知觉系统。感知觉系统功能的发展和净化是促进个体专注性发展的基础。

三、触觉的类型

触觉的发育按照年龄阶段特征，0~2岁防御能力大于区辨能力；2~3岁防御能力等于区辨能力；3岁以上防御能力小于区辨能力。按照类型可分为以下几种：

（一）肤觉

皮肤触觉是借用皮肤的表面作为媒介来接受外界刺激而产生感觉信息。皮肤觉不仅仅是单调而唯一的感觉，它是由触觉、温度觉、痛觉等多种感觉而组成的感受系统。

（二）温度觉

我们皮肤至少需要两种不同的感受器对来自外界不同程度的温度进行甄别，遇冷时会是"冷感受"，遇热时会是"热感受"，但都统合称"温度觉"。外界气候的冷热都是由个人的皮肤进行感知，不管是春日的和风徐徐，夏季的骄阳似火，还是秋季的金风送爽，冬天的天寒地冻，这些都将会被我们身体上的触觉所感知，同样的，在日常生活里我们所能触碰的事物，它们的特性都将由我们的触觉所感知。

（三）痛觉

痛觉是指我们的身体受到外界有危险性的刺激所产生的不愉快的感觉。造成痛觉的刺激分两种：一种是外力伤害到的物理性的痛觉，如烫伤，另外一种是由借助化学性物质实施伤害所产生的痛觉，如硫酸腐蚀。随着刺激强度的不断增加，直至皮肤承受不了，此时身体就会产生痛觉。每个人的痛觉是不一样的，相同的刺激，有人会觉得很痛，有人会觉得还好，而这种个体之间的差异和每个人的心理素质有很大的关系。心理素质包括注意力、态度、情绪等诸多要素。除此之外，影响痛觉的还有年龄、性别等其他因素。

感觉系统里面各个系统中对于个体非常重要而且最不一般的就是触觉系统。常见的人们对于触觉的理解是，当个体的表层皮肤被外物以触碰的方式被主体所感知时，就被理解为触觉。感觉统合的划分里面，触觉被分为两种：一种是轻柔地触摸皮肤，主体感知到了之后，所产生的感觉就是"接触觉"了；另一种分类是"压觉"，它的产生是因为刺激强度增长。常见的情况中，这两个感知觉被视为一体，被命名为：触压觉。虽然这两个感觉很相似并且没有很大的区别，但是因为它们的刺激强度不一样，对于专业性而言，还是要做出特定的说明。此外，有一个极其相似的名词被称为触摸觉，其是指个体主动用手部皮肤去感受客观事物表层的材质，如是否顺滑、是否柔软。譬如眼睛看不见的人就是通过触摸觉感受周边的事物。

不同于其他的感知觉系统，触觉所受到的外界刺激是最多的。因为触觉的面积是最广泛的，它既包括个体的全部表层肌肤，也包含内部的肌理和骨头连接的关节，因此，个体在生活中总会接收到许多因为触觉刺激到感受器而传导出来的各种感觉。虽然刺激传输到人大脑中，但大脑会把繁多的外界信息选择性留存，把那些不重要的信息选择性忽略，只传达那些对个体而言相较重要的信息。因此，在我们的日常生活中，其实我们接收到的刺激和大脑给予的反馈非常多，但是因为有许多刺激是不重要但是难以避免的，如衣服的摩擦感、拂面而来的气息，这些不重要的刺激虽然已经被大脑接受，但是大脑不会给予反馈，所以我们不会产生相应的反映，只有选择性地忽略和压抑，个体的脑子才能处于较为放松的状态，不会过于紧张导致生理机能出现问题。总而言之，这是生物体自我选择、自我进化形成的反应模式：刺激—选择—过滤—整理—选择—反应，感觉统合能力也是由此而来。

四、触觉的特点

触觉有以下特点：

（一）存在

存在是指对身体存在的感知。了解到自己身体的存在，需要持续的触碰，如洗澡、换尿布、涂油、抚触、拥抱。只有通过触觉，才能感知自己身体的存在，其他感官不存在这种能力。

（二）身体图

身体图即对自己身体图景的认识。儿童的身体通过碰触，如爬行时与家具、地板等其他物体的碰触，在内心对自己的身体有一个图景的认识。通过碰触，儿童会在内心形成自己的身体图景，如身高和体重一生的变化；通过与他物发生碰撞，身体图景就不断地修改。例如，在孩子长高时，特别是青少年时期，四肢迅速变长，有些儿童表现得不够灵活，就是身体图景未及时更新。有位妈妈说她怀孕期间，身体发生变化，内心图景未变，走路会碰到物体。碰撞让我们对身体图景进行更新、补充。

（三）边界

边界是触觉最重要的一个特点。3岁儿童通过一系列的碰触，对身体形成边界，如内外的差别、自己与他人的差别。这些是非意识的体验，而是情感的体验。边界的形成让儿童形成我不再是世界的一部分的概念，我在身体里，外面是他人。如果孩子碰到桌子，问他哪里痛，他不指自己的头，而指桌子，说明孩子并未与世界分离开。

五、触觉的功能

触觉的功能总结为以下几点：

（一）保护功能

在新生儿时期，触觉是其最好的防护罩，他们会通过触觉感受到纸尿裤湿了、奶粉温度太高等外界信息，从而通过哭泣来表达身体所受到的不舒服，使得照顾他们的人能够转移掉这些不舒服的刺激进而间接性保护自己的身体。触觉还能通过吃饭时吸吮和吞咽的声音以此来传达获得了生命所需要的营养。在儿童其他功能发育成熟之前，他们会严重依赖触觉来接受外界信息，同时通过触觉和外界互动。

（二）触觉辨识及统合功能

触觉系统不仅能够帮助儿童分辨物体的特性，还能够帮助儿童积累手部动作操作的技巧。儿童在玩玩具的时候会一边看一边用嘴巴去尝，这时体现的是儿童早期的触觉和视觉的统合。儿童通过身体部位对物品进行触摸，将会认识到身体的各个部位以及身体与空间的关系。从感觉统合的理论出发，触觉系统功能的发展会对儿童适应性的反应产生一定的影响。比如，轻微触碰对于触觉敏感的儿童来说，将会引起激烈的情绪反应，同时这种反应将会影响人际关系的维和。对于触觉辨识能力发育不好的儿童，手部精细动作经验积累将会减少，从而在学习方面的能力将会大打折扣。

在新生儿诞生后，触觉的发展领先于其他感觉的发展，随着时间的推移，儿童的神经性发育开始形成和发展，触觉的辨识能力被挖掘出来。随着身体功能的不断更新换代，大约在 2 岁之后触觉的保护性功能开始功成身退，随后其辨识能力开始进行主导，这也为儿童后期精细运动的发展和认知发展打下一定的根基。

（三）情绪功能

当我们沮丧难过时，好友或亲人的轻轻抚摸会给我们带来安慰，而当他人给我们带来不舒服的触觉体验时，我们会产生生气的情绪。其实是触觉在影响我们的情绪功能。在日常生活中，不仅仅是大人会通过触觉刺激来宽慰自己，孩子也会通过啃手指等触觉刺激进行自我情绪的调节。如果没有其他感觉器官的帮助下，仅是依靠触觉，则会引起我们更大的情绪。譬如用布将眼睛蒙起来去触摸装有未知东西的盒子，将会增加心中的恐惧程度。当然也有例外，在儿童时期，儿童的触觉发展会增加与母体的亲近关系，会给儿童带来安抚的情绪功能。

（四）社会功能

触觉系统对于儿童的人际关系发展起到极其重要的作用。人们常通过触觉来传达信息，互动表达情感，如拥抱、亲吻、握手。因此，触觉正常与否会影响感觉统合能力，一个感觉统合能力正常的儿童会对于周边的人事物是报以积极的态度，会和同伴嬉戏、打闹、玩耍，而对于在这方面敏感的儿童，则会对别人的触碰会产生很大的抗拒并且对此保持距离，对同伴的触碰避之不及，经而久之，与同伴的关系变得很差，形成孤冷、不合群的负面印象，从而影响了人际关系和社会互动能力。

（五）利于语言发育

在新生儿时期，新生儿的触觉功能帮助他认识世界。在照顾新生儿的过程中，我们可以看到新生儿会对放进他嘴巴里的东西进行吸吮，这是新生儿与生俱来的能力。因此新生儿出生后第一次认识世界是通过自身的口腔触觉。

在儿童时期，儿童对于世界的认识是通过口腔触觉和手的触觉来接收信息的。而口腔的触感是通过口腔肌肉神经的封闭性以及舌头的灵活性进行运转的，因此当儿童的口腔刺激不足时，儿童发音的清晰度将会降低。

（六）充当沟通途径

在婴儿形成正式的语言之前，触觉充当婴儿与外界沟通的桥梁。所以在婴儿时期，触摸是儿童最初的语言，是他最直接的沟通方式。因此，在这个时期，父母要通过更多的身体抚摸来表达对他们的关爱，譬如抚摸孩子的脸颊，轻拍孩子的后背。

（七）辅助视听觉

视觉、听觉、触觉的刺激是充满儿童的整个成长过程中的，因此生活里的感知觉体验是儿童早期认识世界一部分。正因为它们无处不在，存在于日常的小事之中，所以父母并未察觉到这方面信息的重要性，因此也不会想着增加这方面活动的频率。

在婴儿2～3个月时，父母可以感觉到孩子的眼光一直注视在自己的脸上，尤其是距离他们的脸很近的时候，他们的眼睛会随着你脑袋而动，其实说明他们自身的视觉在练习。在婴儿早期成长过程中可以多进行这样的感觉统合练习：多让婴儿看看卡通画像；在婴儿床边摆放一些玩具；父母把玩具放在孩子面前来回晃动，使得婴儿的目光一直跟着玩具走；等等。这些都是对于视觉的练习。随着婴儿年龄增加，在3个月后，则不能满足于只是家庭活动了，此时可以跳出家庭这个空间做一些活动，为了激发婴儿的好奇心去学习就让他们看到各种各样的东西。触觉发育得好，对视觉、听觉、平衡觉、本体觉的发展也有一定的促进作用；同时丰富充实的视觉刺激将会推动婴儿触摸经验的积累，将帮助他们构建准确地感知判断体系。

（八）促进动作灵活

触觉影响运动神经的反应，因此触摸活动便是婴儿在这个世界学习最初阶段。利用本体觉和触觉联系，婴儿会知道手或脚可以伸收动作，从而学会了灵活运用身体四肢来进行活动。因此积累良好的触觉经验将推动本体觉的发展，使得婴儿的动作灵活快捷。例如，触摸唇角会知道吸吮、触摸掌心知道抓握。

（九）促进成长

身体的各个部位都存在触觉，从开始发展就与神经系统紧密相连。富裕的生长环境将使神经系统变得活泼，从而推动体内产出生长激素、胰岛素等营养物质，使其身体得到养分吸收，促进身体各种机能快速成长。

（十）肌肉及心理放松

触觉可以表示亲密、善意、温暖与体贴之情。在儿童的发育过程中，成人的抚摸、拥抱、亲昵等触觉刺激，对儿童形成良好的情绪情感至关重要，也是抚育子女最基本的手段。

六、触觉失调

（一）触觉失调的类型

触觉失调的类型主要有触觉反应过度、触觉反应不足、触觉寻求和触觉辨别障碍四种类型。

1. 触觉过度反应（触觉防御）

触觉敏感儿童，在没有被通知的情况下，如果出现被人抚摸，他会感到不舒服时，从而产生负面情绪；甚至有还没碰到的儿童，由于触觉的高度敏感，会提前预知会被触碰，继而出现类似的负面情绪反应，如会产生害怕、惊恐的心理反应，同时会出现战斗、逃避、害怕、僵住不动等动作的过度反应。

例如，在日常生活中穿衣服的时候有大人帮忙时，触觉敏感的儿童会挣脱并脱掉衣服。在空间距离上，这些儿童也有一定的要求，会和不熟悉或不喜欢的人或事保持距离，因此当别人触摸时，他会尖叫甚至大打出手。有的儿童会因为不小心地触碰到颜料、宠物毛发时，产生过度反应，譬如出现逃避、不能忍受触碰、不再靠近等表现。

2. 触觉反应不足

触觉迟钝的儿童会出现刺激产生时无法感知，不会知道刺激的强度对身体产生的好坏。如果说触觉过度反应的儿童是对自己的身体形成的保护罩，那么触觉反应不足的儿童则会因无法接受触觉刺激产生的信息从而失去保护罩，无法进行身体自我保护。例如，有的儿童手被划伤了，并不会知道疼，可能会疑惑手为什么流血了。

3. 触觉寻求

触觉寻求的儿童可以说是缺乏安全感的儿童，他们需要更多的触觉刺激来满足自己。因此，在日常生活中，他们的精力往往会很充沛，会很淘气，因为他们会触碰他们所能遇到的东西，如会一边跑一边撞门，去碰对于大人觉得有危害性的东西。他们内心需要触觉刺激，所以他们会不穿鞋走路，口腔里总是有东西，喜欢靠近别人，或者击打别人。

4. 触觉辨别障碍

触觉调节失调的儿童，将会让自己的触觉分辨结构体系无法正常运作，从而使触觉系统的机能也无法运用，甚至日常生活中儿童的活动不能使他们的触觉系统正常发挥作用。譬如，有些触觉障碍的儿童不能支配自己的身体部位去活动，他们无法控制住自己意行合一，仿佛自己的身体不是自己的，也因此学习与实践活动技能将会困难，无法感知事物具体的形状，无法执行身体发出的指令。

造成触觉敏感的原因有以下几点。

人在母体子宫内形成胚胎时，其组织结构分为三层：内部会发展成内脏，中部则发展成为骨骼肌肉，外部则发展成为皮肤和脑神经细胞。故而，新生儿的皮肤的触觉是最敏锐的。顺产的孩子是经过母亲外力内压从阴道内壁通过而生，因此接收到有阴道内壁给予的特别的触觉性刺激；而后在后天的日常活动里，如喂乳头、受到母亲充满爱的抚摸，进行充分的触觉经验积累，则很少出现触觉失调现象。

剖宫产：通过人工技术剖开母体的下腹部，将胎儿从母体里分离出来，是直接从母体腹壁娩出的，没有像顺产通过阴道挤压的过程，就会缺失这种优秀的触觉体验，不能为将来被包裹、穿衣服、擦洗做好准备。因为在孩子其他功能还没发育好的情况下，通过产道的挤压，孩子通过这种方式得以了解自身的全部，为将来多种器官统合的发育有推动作用。因为受到外界的按压，肺里的不具有价值的物品得以排泄，从而使肺泡由枯瘠到饱满，促进心肺功能的发展。

早期环境的限制，会造成触觉刺激的减少，从而导致儿童的触觉敏感。譬如儿童如果在家庭环境待的多，由于空间距离的限制，缩减了儿童的活动地方，形骸碰着的区域也会减少，缺少玩水、玩沙子、玩泥土及草坪上嬉戏打闹等活动，缺少自然的沐浴，会使儿童的相关经验不足，从而使得儿童触觉敏感。

（二）触觉失调的影响

对儿童来讲，触觉失调的影响总结如下：

1.不利于身体知觉和动作企划能力发展

儿童摸到热水，他才会了解到温度；摸到玩偶，他才能体会到形状和质地不同物品所传递的刺激信息，会传输到我们的中枢神经系统，让大脑获得完整的感觉信息，并产生感觉回馈，为身体知觉发展打下基础。在此之上，我们才能发展出成熟的动作计划能力。但是触觉敏感的儿童，对很多新鲜事物难以接受，不愿意去触摸、去尝试。如此，也就无法建立完善的身体知觉和概念认知，动作也就无法正确实施。

2.影响儿童情绪和人际交往

触觉刺激是儿童稳定情绪的主要来源之一，而触觉敏感的儿童，因为早期缺乏足够的感觉刺激，在情绪调节和人际交往上往往会遇到很大的困难。比如，儿童在升旗排队的过程中，总是免不了身体间的接触和碰撞。但触觉敏感的儿童，对这种近距离接触的行为会很不适应，由于没办法躲避，他就尽可能将身体收缩，整个心思放在如何避免被碰撞上，甚至还会因为不能接受与人接触，时常独自一人玩耍，逐渐变得自卑、孤僻，人际交往上也出现问题。

3.影响儿童专注力

触觉敏感的儿童会因为触觉系统发育的不成熟，导致抗干扰能力变得很差，常常因为外面的一些小事导致注意力不集中。这类儿童虽然头脑灵活，但就是难以专注于一件事，也没有耐心把玩过的玩具收纳好。并不能怪孩子，换位思考，你在做事时，身边总有不同的人打扰你，你也很难专注地将事情做好。而触觉敏感的儿童，时时刻刻都是如此。

七、触觉训练的目标

触觉训练的目标包括以下方面：

（1）为儿童提供触觉信息，帮助开发中枢神经系统。

（2）帮助儿童抑制和调节触觉信息。

（3）帮助儿童对触觉刺激作出相对结构性的反应。

触觉训练的最终目标是提高儿童的组织能力、学习能力、集中力等综合能力。

触觉训练的重点包括如下内容：

（1）锻炼中要让儿童感到快乐而不是压力。

（2）训练中的儿童是主角，要尊重儿童触觉刺激的需求和选择。

（3）通过控制环境给儿童适当的触觉刺激，改善其触觉能力，让儿童做出适应反应，教儿童如何做，增进快乐情绪。

（4）在训练中，给儿童积极的反馈，与父母分享孩子成功的喜悦。

触觉往往伴随着丰沛的情感，从我们出生开始，就在我们的人际关系中扮演重要角色。

小时候，在人群中只要牢牢地抓住爸爸妈妈的手，就不会害怕拥挤的人群和车流；到宠物店用手轻轻触碰一只软绵绵的小狗，立刻产生一种要把它带回家的冲动；和喜欢的人并肩，不经意间触碰到对方的身体，立刻就能感觉到对方的体温和自己的心动。

尽管我们对于触觉与情绪的紧密联结并不陌生，长久以来，不论是心理学家或神经生理学家，都没有办法解释原因。但神经生理学家表示，只有触觉刺激的物理性质通过神经系统的传达后在大脑中枢筛选加工处理整合后，最后情绪才能加入触觉认知中。

第二节　儿童感觉统合之触觉活动的过程

一、触觉的发展

0～6个月，在这个阶段，婴儿的触觉功能并没有完全成熟，依然会用触觉来认识事物。由于刚出生的婴儿，触觉刺激是很敏感的，为了更好地发展触觉，需要父母为孩子准备不同材质且安全的事物，如羽毛、毛绒玩具、木球、玻璃杯、塑料玩具。让婴儿进行不同的触摸及拿握等活动，为后期孩子的触觉发展提供良好的触觉经验。

6～12个月，在此阶段的婴儿，身体的各功能已经有所发展，可以支配自己的身体进行爬行活动。婴儿用肚子贴着地进行爬行或者借助膝盖和手两个身体部位在地面上撑着爬行时，通过视觉、本体觉、前庭觉所接收到的信息传达到大脑中，从而判断自己与周围事物的空间关系，了解到自身身体所处的位置。在这个阶段，可以通过双手举物或换物的训练促进婴儿触觉良好发展，同时对其他感觉发展有着良好的促进作用。

1～2岁，在这个时期，要重视儿童对手部的触觉方面的识别能力，提高其学习精湛而细密动作的技能。譬如，在让儿童自己进行就餐时不给他餐具，通过手去感受饭菜的冷热，从而锻炼儿童手部的触觉分辨本事。

儿童的口腔触觉和手的触觉对心理发展影响最大。儿童触觉的发展，不仅反映心理发展水平，而且促进心理发展。

婴儿早期，通过口腔探索活动获得触觉是认识事物和探索环境的重要方式。例如，新生儿通过口腔触觉辨别不同软硬度的乳头，甚至能区分妈妈的乳头和别人的乳头或奶嘴，从而表现出不同的态度。婴儿先使用口腔触觉获得对乳头、奶类的感觉，后来泛化到玩具、衣物等他所能接触到的其他物体。婴儿拿玩具、衣物往嘴里塞，就是利用口腔探索的过程。

随着儿童的年龄增长，口腔触觉将慢慢消失，随之代替的是手的触觉，这也是儿童第二个重要的学习方式。研究发现，4～5个月婴儿开始出现有目的的手的触觉。如开始出现有目的的触摸行为，看到熟悉的人或物开始主动抓摸。6个月以后婴儿口腔触觉减少，手的触觉发展迅速。手的触觉在6个月前也存在，但很多时候是无意识的，后来手的触觉更有目的性。

二、触觉的训练要点

触觉训练的要点主要包括以下方面：

（1）皮肤。任何来自皮肤的信息都会迅速而细腻地传向大脑，皮肤也有第二大脑之称，而人的身体呈不规则形，所以针对皮肤的游戏是围绕温度、质感、轻重、速度等进行的，重点要留意头部、颈部、身体两侧及四肢的内侧。例如，洗澡时不断变化水温，大量的户外活动、群体游戏，不同温度的食物。

（2）肌肉。肌肉的训练围绕挤压、拍打、拉伸、弹动等进行。例如，爬行、翻滚、打闹、悬吊带来大量肌肉的训练。

（3）关节。关节之间有丰富的末梢神经，在训练中有挤压、拉伸、碰撞、震动等，如爬行、翻滚、打闹、悬吊、跳动。

三、触觉训练的干预策略

触觉训练的干预策略如下。

（1）强度：由弱到强；实际操作时，力度适度而轻柔。

刺激量：由少到多。

速度：由慢到快。

频率：由低到高。

（2）先外部，后内部；由正常到敏感再到敏感不足部位。

（3）时刻注意孩子的面部表情和外显的情绪变化，要在训练过程中随时调整给孩子的刺激的强弱程度。

在养育孩子的日常琐事中，会有家长始料未及的状况包括孩子头脑聪明，但有时会让人觉得它与一般的孩子更加独特；生活中常常控制不住自己的情绪，哭闹不停；在群体中独自玩耍，让人觉得孤僻，搞不好人际关系；学习时专注力不强；等等。面对这样的孩子，家长可能觉得再大点或许会好。其实对于这种情况，并不是什么年龄问题，而有可能是孩子的触觉敏感导致了孩子其他功能的紊乱，从而产生一系列问题。

四、触觉活动案例

下面从学校和家庭两个方面来介绍相关的简单触觉训练方法。

（一）学校活动训练

活动设计1：好玩的泥土	
适用儿童	触觉不足
指导目标	通过接触泥沙的这项训练内容，帮助增强儿童大脑中枢的筛选能力和挑选能力，可以压制住不要紧的信息的干扰，对触觉反应不灵敏的孩童具有情感安抚的功能
指导重点	（1）将泥土或沙子放进在盆里，泥沙所分布的多少的标准是，让儿童的身体完全浸没，充分接收到这些刺激。尤其是手，让儿童通过手部动作将其做成各种各样的事物，并注意观察儿童对各种材料接触上的排斥和接受情况。 （2）如果儿童能够活动良好，不妨增加泥土及沙土的数量，使接触面更广。 （3）可以改用其他接触物，如纸巾、树叶、涂料（无毒的）、米、豆子，强化儿童触觉识别能力，以促进儿童的感觉
延伸活动	利用户外游戏，让儿童在沙地、泥浆、草地、碎石子地上做游戏
附注	此游戏每次持续进行20～30分钟，每周约进行2～3次

活动设计2：俯卧大龙球	
适用儿童	身体协调不良，多动症，触觉寻求
活动器材	大龙球
活动目标	让儿童的身体趴在活动器材上，通过调整身体来接受受到地心引力的信息，从而增强前庭觉系统机能及脖子抻拉力，在改善触觉敏感或迟钝、多动症儿童方面起到重要作用
指导重点	（1）让儿童趴在活动器材上，将脑袋高抬，眼睛平视前面，训练者在被训练者身体的后面握住他的双腿，顺着大龙球滚动进行推动。 （2）警惕速度不要过快，锻炼儿童的平衡能力，避免身体摔下来。 （3）让儿童在大龙球上，学习如何控制身体平衡能力来进行对危害性的刺激进行防御
附注	此游戏每次约20分钟，每周约进行3～4次

	活动设计 3：大画布	
适用儿童	触觉敏感	
指导目标	颜料的色彩会在内心形成不一样的印象，这个游戏可以帮助改善触觉过度反应，促进本体觉发展的同时改善情绪	
指导重点	（1）先将大花布或塑胶布铺在地上，各色涂料放在旁边，儿童可以用跪坐、趴卧或者躺的方式，把这些涂料抹在手或身体上，再自由图画在画布上。 （2）可以将画布挂在墙上，让儿童将涂料抹在身体或手上，再涂到画布上。 （3）触觉敏感儿童开始时会有些紧张，可以鼓励他们从手指开始，逐渐用手腕、手臂、脚掌再到屁股，让他慢慢习惯涂料在身体上的感觉。 （4）自闭症儿童对某种颜料特别排斥或闭塞，不用紧张，让他们自发地进行调节，指导者只要在旁边留意，不必给儿童干扰	
附注	此游戏每次持续进行 20 ～ 30 分钟，每周约进行 2 ～ 3 次	

	活动设计 4：花生球滚压活动	
适用儿童	肢体不灵活，触觉敏感或不足，容易情绪化的儿童	
活动器材	大花生球	
活动目标	强化触觉神经及身体对重力的敏锐反应	
指导重点	（1）由于大花生球的形状，在重力及压力的均衡上均优于一般的弹力球，活动时教师应注意重力和压力的调整。 （2）让儿童俯卧或仰躺在地上，将花生球放在儿童身上。 （3）将大花生球由儿童脚部往头部方向滚动，到头顶后再滚回来，连续数十次以上。 （4）滚动时也可以轻轻按压，特别是在颈部、脚踝、膝盖等位置	
延伸活动	用大花生球将儿童挤到墙边，可以强化肌肉及关节讯息，当儿童在反抗的同时，也强化了运动计划能力	
附注	此游戏每次约 20 分钟，每周约进行 3 ～ 4 次	

活动设计 5：风儿吹吹	
适用儿童	触觉敏感或不足，自闭症，身体协调不良
活动器材	吹风机
活动目标	吹风机可以控制热风和冷风，给予儿童完全不同的刺激，不仅有觉醒前庭和处理触觉信息的作用，还对身体形象和本体感的塑造有特别的帮助
指导重点	（1）先告诉儿童身体各部位的名称，再用凉风吹这些部位，询问儿童的感受。 （2）换成热风，但不可以集中某个部位吹，以免灼痛儿童，让儿童讲讲各部位的感受。 （3）敏感的儿童通常在脸部和头颈肌肉上会有强烈的反应。此时不要勉强吹在脸上。 （4）可以边游戏边吹，来化解儿童紧张的感觉
附注	此游戏每次持续进行约 20 分钟，每周约进行 2～3 次

活动设计 6：斜坡滚动	
适用儿童	触觉敏感或不足，身体协调不良
活动器材	软积木、枕头或填充的玩具
活动目标	在倾斜软垫上滚动，触觉、前庭感觉、固有感觉能同时发挥刺激和统合功能，对身体操作不佳、平衡失常的儿童帮助最大
指导重点	（1）将软积木铺成约 20 度角倾斜，勿过斜，以免危险。 （2）让儿童躺在垫子上，顺着斜坡自己滚下来。 （3）提醒儿童注意滚下时手、脚、头的配合。 （4）注意观察儿童滚下时的姿势，和各部位身体协调的情形
延伸活动	儿童滚下斜坡时，也可以抱着枕头或填充玩具，练习头、手、脚同时收缩的感觉；也可以站在大龙球后约 30 厘米处，顺着直线往前推
附注	此游戏每次约 20 分钟，每周约进行 3～4 次

活动设计 7：滚筒式时光隧道	
适用儿童	触觉敏感或不足
活动器材	彩虹接龙、游戏隧道
指导目标	洞穴或隧道的游戏，可以让儿童对自身形象做出较正确的判断；进入洞穴时，头、手、脚的协调，对儿童前庭感觉的调节也有帮助
指导重点	（1）可以用塑胶或金属做成圆筒状，也可以透气布料做成隧道，两侧都可进入。 （2）让儿童头先进去，自己设法爬进里面，也可以采用脚先进去的方式，倒爬。 （3）游戏时，提醒儿童注意自己手、脚等身体部位的运用，以及头部滚动式的感觉
延伸活动	可以在滚筒或隧道中安置毛巾，让儿童体会不同触觉刺激下的身体活动；也可以在其中放很多东西，请儿童将指导者指定的东西拿出来
附注	此游戏每次约 30 分钟，每周约进行 2 ～ 3 次

活动设计 8：欢乐的球池	
适用儿童	触觉敏感或不足，自闭症，身体协调不良
活动器材	海洋球池，海洋球
活动目标	球池有触觉强化作用，对前庭系、身体协调，固有前庭平衡能力，都有很大帮助，对脑干部机能强化的效果最佳
指导重点	（1）指导儿童用力跳入或轻轻跨入球池内。 （2）将身体全部藏入球池中，接受球的挤压。 （3）可以在球中间翻动或摆动手脚、头颈，在浮力状态中，调整身体的重力感信息。 （4）也可以坐或站在球池中，跃动身体或双脚踏步，承受不同重心及身体运作的感觉。 （5）注意观察儿童对各种感觉到的喜爱、固执和排斥，以了解儿童的触觉和重力感的问题
延伸活动	可以在球池中开展飞机起飞、火车开动、航天员漫步等游戏，强化儿童的运动计划能力；也可以在球池中央让儿童练习用绳索将自己吊往球池另一端；也可在球池中掺入报纸团或保丽龙，给儿童一些不同的触觉刺激和重力感
附注	此游戏每次约 30 分钟，每周约进行 2 ～ 3 次

活动设计 9：麻布刷刷	
适用儿童	触觉敏感或不足
指导目标	直接刷皮肤，可以活化触觉接收器；手部、眉部、背部的刷动，对本体觉的强化有直接的帮助
指导重点	（1）用干麻刷，以中度力气刷儿童手臂、足部、胸肌肉、背部等。 （2）反应敏感的儿童不要太用力，帮助他慢慢适应；对于反应迟钝的儿童可以稍微用力些，以活化他的接受神经。 （3）可以边做边讲故事或唱歌，让儿童不要太紧张，并一直维持轻松快乐的气氛
延伸活动	可以用其他东西，如扇子、羽毛、电动按摩器进行
附注	此游戏每次持续进行 15 ～ 20 分钟，每周约进行 2 ～ 3 次

活动设计 10：身体跷跷板	
适用儿童	触觉敏感或不足，自闭症，身体协调不良
指导目标	指导者和儿童双手拉紧，互相牵引身体前后运动，可以带动儿童的颈、腕、腹部肌肉，强化儿童关节的固有感觉刺激，对姿势掌握及固有神经的统合，颈、腕、腹部，身体的收缩练习帮助很大
指导重点	（1）指导者和儿童面对面坐下，用双手紧握儿童双手，两人脚掌互相抵住，作为平衡轴。 （2）指导者慢慢躺下，拉动儿童坐起来。接下来，指导者慢慢起来，让儿童慢慢躺下，让儿童主动牵引指导者坐起来。 （3）一左一右，一上一下，进行上下左右拉动，为增加趣味性，指导者可以指导儿童一起念口令或唱歌。 （4）注意儿童左右平衡用力，以免受伤
延伸活动	可以用一根木棒当平衡点，两人同时握住木棍玩此游戏，也另有一番趣味
附注	此游戏每次进行约 30 分钟，每周约进行 2 ～ 3 次

（二）家庭方面

冷热水刺激：在家里通过在洗浴池中调节适宜的冷热水，让儿童通过身体部位或者全身部位感受不同温度的水，并留心观察儿童的不同程度的反应。

梳头游戏：在家拿把不太尖锐的梳子，用不同程度的力度去梳儿童的头发，观察儿童的不同反应，也可以将主动权给儿童，让他们自己尝试梳头，使他们会自我整理，同时让他们自己积累手部精密动作的技能。

静态飞机式：让儿童趴在瑜伽垫上，以肚子为中心，借靠腰的力量，整个身体紧紧贴在瑜伽垫上，然后将头颈高高地抬起，挺起胸脯，两只脚两双手水平伸展并向上举高，像飞机起飞的状态，然后身体一直保持这种姿势20～30秒钟，这就是静态飞机式。

乌龟仰卧：让儿童平躺在地上，将头部抬起，两条胳膊和两条腿向上举起并弯曲，身体呈弧形，只以腰部力量支撑身体，并坚持住这个动作。这个是对抗重力的动作，做这个姿势时脑袋、手、腿都要朝上举起，并拉伸肌肉。这种动作要坚持20～30秒。

乌龟爬行：让儿童平爬在地毯上，以肚子为支撑点，身体紧紧靠着地毯，抬起脑袋，挺起胸，双腿紧闭，将两条胳膊舒展开来往前推动身体缓慢蠕动，这称为乌龟爬行。向前或向后移动躯体时，也可利用手部来变换前进的方向。

青蛙蹬：让儿童平爬在移动的木板上，以肚腹为支撑点，身体紧紧地靠在移动的木板上，头高高地仰起，胸脯向前挺起，双腿弯弯曲起使其能接触到墙面，然后用脚使劲蹬蹬，让躯体靠移动的木板带着前行，待快靠近另一边的墙面时，用自己的胳膊改变前行方位进行回头调转，同时双腿弯曲，再回到原地。练习时提醒儿童留意脑袋要向上抬起，两个胳膊要伸展到最大距离且向前方使劲打开；为了使木板更好的前行，躯体要摆好更像青蛙跳动的姿势，使木板有更好的受力。重中之重的是双腿的姿势，要用脚底去触碰墙面，不要用脚尖或脚背。

描述游戏：准备不同质地、温度、重量的东西，请儿童告诉你他们摸到了什么（如果要让游戏更有挑战性，可以请儿童不要看，直接摸，来感受和猜测）。指导者可以问儿童，摸到的东西圆不圆呢？冷不冷呢？平不平滑呢？软不软呢？重不重呢？

感觉箱：在鞋盒的盒盖上剪一个洞，把线轴、纽扣、木块或砖块、硬币、弹珠、动物模型、玩具车放进鞋盒。请小朋友把手伸进洞里，告诉你他们摸到了什么玩具，或者请伸手摸出纽扣或玩具车，或是拿玩具给他们看，请他们在盒子里找出同样的玩具。这些活动可以提升儿童的辨别能力，让儿童不用看就能够辨别东西。

动作能力：吹哨子与笛子、吹泡泡、用吸管或运动水壶喝水、嚼口香糖等动作，都可以满足儿童口部动作的欲望。

五、关于家庭训练中的提示

人类躯体的神经体系和触觉一脉相承，体内神经组织的养分来自触觉，脑神经中枢的筛选能力、躯体的协调性、情绪控制功能都将会受到脑触觉的机敏所牵制。

触觉感官是感觉统合最充分发展的一个，儿童通过手部刺激传达到脑神经中枢，经过大脑处理将相关信息送到覆盖在大脑半球表面的灰质，继而推动其生长发育。同时经常训练儿童的触觉感官还可以活动儿童手部肌肉，促进儿童手眼协调能力，提高儿童手指灵敏度。

诚如之前所言，支持性和选择性的注意是整个注意系统的重要组成部分，它们的表现影响着触觉系统的功能性。如果支持性注意发展不健全就会导致儿童只能进行短暂的注意力集中现象，缺乏长时间的注意能力；如果儿童的选择性注意发展不健全容易导致儿童容易心不在焉以及偏离主体，难以理解题目要求的现象；如果集中性注意发展不健全就会导致儿童的专注力非常差，注意力几乎难以凝聚的现象；如果替换性注意发展不健全容易导致儿童难以转换注意力，不能协调完成性质相近的两件事，容易发生反应缓慢的问题，如物品掉落到地面上，儿童需要更久的经历去转换思维和寻找物品，容易不断地做同一件事情或者执着于同一个想法，难以转换思维；如果分割性注意发展不健全，儿童难以分割自身的意识去同时完成两件事，如说不能边吃早餐边看动画片。

在家庭环境下，有以下几个方法可以提高儿童的专注力：

（1）父母可以让儿童在日常生活中接触各种各样的常见刺激，如父母陪伴孩子在院子堆沙子、捏小泥人种花，让儿童亲密接触自然，增加肌肤的触觉感知；父母也可以在帮助孩子洗澡的时候增加触觉刺激，可以在孩子的澡盆放小黄鸭之类的小玩具，或者和孩子玩睡前游戏。此外，父母可以带领儿童进行触觉分辨游戏，如在泡泡棉里面寻找小玩偶，这些家庭小游戏有利于发展儿童的基础触觉能力，通过小游戏增加儿童日常生活中难以注意到的触觉感触，有利于促进儿童的触觉系统的完善和发展。

（2）父母给孩子制定良好规律的生活习惯表，并且带孩子按表上的要求做到，这样的话有利于改善孩子的作息，尚且没有自主能力的孩子能够有更加合理的睡眠时间和生活习惯，有利于促进黑质网健全发展，健全黑质网的警戒能力。

（3）父母带领孩子阅读纸质版书籍文字，培养儿童的长时间专注力和精神集中能力，因为在现代生活中，电子产品占据了人类生活的大部分空间，如果过度接触电视、平板电脑等电子产品，虽然儿童的替换性注意和转移性注意能够得到长足的发展，但是儿童注意力的持续性和集中效率却会降得很低，所以需要调节和控制孩子的生活状态和模式。有许多学者反对儿童过度接触电子产品也是这个原因。儿童需要接触更多的实体小游戏来提高他们的专注力，发展他们的触觉系统。

儿童的心理状态也是他们健康成长历程中不可或缺的一环。关于家长如何提高孩子心理健康水平的建议包括如下几点：

（1）家长要正视孩子在成长过程中的缺陷，接受他们存在的问题，学会尊重儿童，尽量不要迫使儿童做不愿意做的事，即使需要儿童去做，也需要事先和儿童沟通，在和儿童的相处过程中给予他们信心和安全感。一个常见的错误行为就是，孩子不愿意把自己所拥有的东西分享给他人时，父母就指责孩子自私，使用家长权威迫使孩子把自己所属的东西分给他人。

（2）如果父母发现孩子有了不好的行为习惯，父母应当通过和缓的语言进行交流沟通，而不是通过激烈的语言斥责或者直接使用暴力行为试图纠正孩子，因为暴力行为容易造成孩子的心理不稳定，更好的办法是给孩子展示正确的做法和行为，父母做好示范然后引导儿童的行为，给他们建立正确的认知体系和行为体系，可以多夸夸儿童，让他们自愿做到良好的行为。

（3）父母应该多多夸奖儿童，增强他们的自信心，培养儿童积极心理，父母可以成为儿童的朋友和好伙伴，倾听儿童的心声，帮助他们解决心理成长路程上的障碍。

父母应当常常和孩子相处，最好进行一些肌肤相亲的小游戏，因为直接的身体接触有利于儿童心理情绪的稳定，同时发展儿童的触觉系统，这样的话，有利于儿童建立更好的人际关系，变得开朗积极向上。

父母应当给儿童创造一个宽泛而且自由的空间，在这片空间中，儿童可以自由地玩耍。在玩耍的过程中，儿童对玩具和地板的接触对发展儿童的触觉系统是极其有益的，它可以促进儿童触觉系统的进化和发展。

如果儿童在生长的过程中出现触觉系统异常敏感的现象，父母可以轻柔地给儿童洗澡擦背，或者是在儿童睡觉之前，使用特别柔软的毛巾轻轻擦他们的全身，以适度的刺激完善儿童的触觉发展，早日解决缺陷。

如果儿童在生长过程中出现了触觉不灵敏的现象，感受不到轻微刺激感觉，那么父母可以使用婴孩专用的软刷子轻轻地擦过儿童的腿、脚心、手心等敏感地带，对儿童的触觉系统进行唤醒；或者父母可以让儿童多多接触玩偶或者多爬行，增加对生活刺激物的接触，提高触觉的识别能力。

父母如果发现儿童有把手指塞到嘴里面的习惯，那么就必须要警觉儿童是否存在触觉依靠的行为了。父母在处理这个情况时需要小心和缓，而不能通过恐吓威胁的办法来减少儿童这一行为。父母需要给予儿童适度的触觉刺激来满足儿童的触觉需要，然后缓慢减少刺激强度，这样的话，才能够保证儿童积极健康的成长。

我们列举一个触觉失调案例：

患者名称：阳阳。

年龄：3岁。

感觉统合失调的原因：触觉过分敏感。

3岁的阳阳洗澡总是不安分，明明很合适的水温，他却一个劲儿喊烫，每次得折腾上半个小时。妈妈一直以为这是宝宝调皮好动的表现。后来听儿童园老师说，宝宝在园里也是如此，别的小朋友洗手、洗脸都十分配合老师，唯独他不肯洗，每次都要老师花上十几分钟不停地劝说，他才勉强配合，在洗的过程中还不断地大呼小叫。

大多家长潜意识觉得只有出问题了再解决问题，这样是不对的。有太多的科学数据表明，大多儿童都会有感觉统合失调，只是每个人的病情轻重不一样。感觉统合治疗越早越好，最好在中学之前通过正当的训练进行纠正，错过这个黄金期就会不好改正了，因为随着年龄的增加，身体机能就会愈发定型。被纠正过的孩子，躯体各项技能都取得了合理的改变和增长。学习任何东西之前都要进行感觉统合的学习。随着儿童的长大，感觉统合的失调并不会进行好转，因此不要抱侥幸心理而错过治疗。感觉统合失调是儿童的脑神经发展在形成发育的过程中遇到堵塞，不能好好地成长，吃药不会起作用的，只有外在的物理性的练习才能改善。

6个月前，婴儿手的灵活程度有限，嘴巴触觉最敏感，喜欢抓到东西就放到嘴里咬或舔。其实，此时我们应该做个懒一点的家长，只要安全，那就让他尽情体验吧。只有口腔的触觉发挥好作用了，手部的触觉才会形成发育，不然将影响身体其他的触觉发育。因此作为感觉统合最早开发的触觉尤为重中之重。一定要重视儿童的触觉能力发展，及时进行感觉统合游戏和训练，帮助儿童在学习生活的道路上自信闯关。

第三节　儿童感觉统合之触觉活动的评价

触觉活动是多元而灵活的。活动的有效性需触觉理论和直觉能力去赢得个案的信任，并且创造出难度适当的挑战。活动的最终目标是感觉统合发展能促进儿童触觉的改善和进步。指导活动有五个关键要素；第一，活动设计的目标和内容要符合激发儿童的触觉开发理论和基本价值取向；第二，根据观察互动和评估，应该创造出可以与个案互动的环境，并提供真实可行的挑战环境，包括空间上的实体排列以及师幼或家长和孩子互动的空间；第三，指导活动根据触觉理论的知识了解个案的需求和师幼共同拟定的目标，共同创造活动；第四，教师和家庭在活动时观察个案的反应并调整以达到最大效益，包括预测活动结果、观察个案反应、以不打扰整个活动流程的方式改变活动规律地和个案沟通；第五，共同监督目标是否达成，以及活动能帮助个案满足日常生活需求到什么程度。监督很重要的部分是看个案是否有将技巧和能力整合到日常生活里。

一、触觉活动目标评价

从活动目标制定来看，要看是否全面、具体、适宜。

全面指能从知识、能力、情绪方面确定；具体指训练目的要有细致的标准，设计、标准要有详细的条件，体现触觉锻炼的独特性；适合指把儿童作为主体，体现不同成长阶段、不同躯体机能的特点，符合儿童年龄实际和触觉形成顺序，活动设计要有困难的也要有轻松的。

二、触觉活动成效评价

从训练成果来看，要看之前设计的目的是不是明确地体现在不同活动环节中，训练中是否紧紧以目的为中心，将目的实践化。

三、触觉活动设计思路评价

从活动设计思路角度看，设计思路是构建活动的核心灵魂，是根据感觉统合训练正确理论和儿童触觉发育程度两个层次的实际情况设计出来的。它反映一系列训练内容是如何进行串联的，是如何进行的，等等。一是看训练内容设计，是否符合相应的理论知识和可操作化，是否符合儿童自身发展的实践性；二是看其是不是有一定的创新性，给儿童不一样的感觉；三是看它的层次是不是清晰；四是看教师或者监护人在活动中实际主体功能是否发挥了作用。

我们平时看到有些活动效果欠缺，时效低下，是活动思路不清，活动思路不适应训练过程实际或儿童实时性等造成的。

四、触觉活动结构评价

从活动结构安排看，活动内容的构成重点在于活动策划。触觉活动结构评价是指训练活动每一个内容的确立，以及各个步骤的串接、顺次和时间的占比。在安排上，看训练活动每个步骤时间占比和串接是否恰当，理论讲解与实际操作时间协调是否合理，内容是否与目标和要旨符合，有无教师讲解过多、儿童实际操作过少的情况；看训练过程中教师是否注意每个孩子的个体性差别等。

五、触觉活动方法评价

从活动方法看，不仅包括教师教学活动方式，还包括儿童在教师指导下"学"的方式，是"教"的方法和"学"的方法的统一。

（1）量体裁衣，优选活用一种好的活动方法总是相对而言的，它总是因课程、因儿童、因教师自身特点而相应变化的。

（2）活动的教学方法是否丰富多彩，教学方法最忌枯燥呆板，再好的方法每天生搬硬套，也会令人生厌。训练活动的繁复性决定了教学方法的多样化。所以不仅要看训练者是否能够选择普遍性的训练方式，还看教师是否可以在探索新的训练方式，使课堂教学生动而形象。

（3）活动方法和内容的改革和创新。包括活动理论和传统游戏的衔接，活动思路关于锻炼的设计，革新意识的培育，活动目的的表现，新的训练形式的建成，等等。

六、触觉活动基本要求评价

从活动的基本要求看，我们需要评价以下几点：

（1）活动设计科学合理。

（2）活动实施富有感染力，老师仪容仪态端庄，师生之间应有情感交流。

（3）语言清晰表达。教学语言的语调是否抑扬顿挫，富有情绪。

（4）教师运用"教"的熟练程度。

七、触觉活动效果评价

从活动的效果看，我们需要评价以下几点：

（1）训练结果是否符合时效性，儿童思维是否打开。

（2）个体差异的儿童是否在原有的基础上有所提升，身体综合素质有所发展。

（3）高效使用课堂训练时间，儿童是否乐中有学，参与度高。

八、触觉活动影响力评价

从活动的影响力看，我们需要评价以下几点：

健康训练是为了帮助儿童纠正不健康的行为，通过不断反复的动作训练帮助儿童养成健康的行为。

（1）促进身体健康成长。

（2）可促进语言和交往能力的发展。

（3）促进注意力的发展。

（4）稳定情绪、改变行为。

总而言之，教育工作者对触觉功能的训练和发展不仅可以使儿童掌握某一部分的能力，而且能够培养儿童的运动能力，稳定维持儿童的身心健康并且加快儿童对生活环境的适应。因此儿童在教育工作者的陪伴下进行各式各样的触觉活动时也是非常必要的。

尽管许多儿童的触觉感知觉出现迟钝或者过于敏感等问题，但是大部分的父母依然没有予以正视，他们并不了解触觉失调的原因，更遑论正确对待和处理失调问题了。实际上，儿童的触觉出现问题对儿童其他感知觉系统都会产生严重的影响，不仅会影响儿童的肢体动作行为，而且会让儿童难以适应现存的生活环境，他们不能融入校园教育生活体系，难以和他人维持良好人际关系。儿童触觉失调的原因可以归根为父母对于儿童的作息没有把控到位、父母对于儿童的态度行为导致儿童自身出现偏差以及父母的生活方式对儿童的感官系统的影响。解铃还须系铃人，需要父母和教师深入了解触觉系统失调原因，为儿童营造更加舒适的生活环境，给予儿童适当的外界刺激，激发儿童的主体驱动力，发挥儿童的主体能动性，增强儿童的精神凝聚力，推动儿童的发展。

总而言之，触觉训练活动，结合简单游戏活动设计，需要评价是否做到了有利于吸引儿童兴趣，培养儿童的基础身体技能，并提高儿童大脑和身体相互协调能力、手眼协调能力、记忆能力和分辨能力以及提高触觉系统的敏感度，促进多巴胺的分泌，预防儿童出现触觉失调，有效地促进儿童身心全面发展。

第五章　儿童感觉统合之视听觉活动设计

第一节　儿童感觉统合之视听觉活动的目标

一、视觉的发展

儿童视力的快速发育是从 4 岁开始的。就普遍情况而言，儿童首先是看清楚事物的外形，之后再分辨它的色彩。2 岁左右的儿童能在盖泽尔特意设计出的木板上，选出不同形状的木块，把它们放在相对应的洞槽里面。3 岁儿童就能够全面地分辨什么形状是圆形，什么形状是方形，什么形状是三角形，甚至分清楚什么是直角。4 岁的儿童便能分辨出六七种图案，5 岁儿童能辨别八九种图案。

虽然新生儿在出生时就已经能够分清楚明亮和黑暗的情况，但是出生几周内的新生儿视觉的辨别色差能力非常差。当婴儿生长了三四个星期之后，就会拥有色差感，他们能够分辨基本的颜色。在这个阶段，儿童也拥有了分辨物体的大小和距离的能力。实际上，虽然想要发展婴儿的视觉，但是实际上没有必要让他们参与特别的训练，也没有必要对儿童进行距离现实生活非常不一样的教育活动，教师或者家长只需要用与儿童生活相关并且对于他们的视觉发展有好处的活动，唯一需要注意的是，刺激的强弱，我们需要渐渐地加强刺激，不能开始便给予过强的刺激。

视知觉包括两部分——追视和测距。追视指的是儿童对移动中物体的掌控能力。追视不佳的孩子，在幼儿园做操，别人在做的时候他呆呆地站着，等人家做完了他开始做得很嗨。6个月的孩子能坐的时候喜欢到处扔东西，有些母亲非常不开心，不允许孩子乱扔东西。但实际上孩子是在进行追视。追视能力没有发展好的孩子在小学期间读书非常容易错行。而且因为常常犯错误，会导致他们的挫折感非常大，会引起他们对读书的抵抗情绪，不愿意读书。测距指的是孩子对距离远近的判断。儿童在出生的前十天是看不见。出生后的十到二十天属于近视情况，即只能看到三十厘米内的东西。而儿童在出生后的二十天到三十天属于远视，在出生后的第四十天开始发展称为正常状态，随后开始测距。出生后一二个月的儿童对黑色和白色的光线和影子非常感兴趣。出生后三四个月的儿童则对很大面积的色彩非常感兴趣。测距发展不健全的儿童，他们的扁平视线范围有限度，看不到东西。

很常见的情况是，因为儿童刚出生甚至在随后的生长期中长时间躺着，他们的视野范围只有白色的天花板，到处都是白的，因此他们在儿童生长期的时候没有受到良好的刺激。

视觉能力指儿童能够对眼睛所看到的事物进行分辨和观察的能力，其中包含视觉的敏感度、视觉的记忆能力、视觉的辨别能力，视觉的空间知觉能力、视觉的统合能力，视觉的专注能力等。其中，视知觉敏感度指个体能够对视线所及的事物做出符合个体认知的观察与分辨，如个体能够分辨光线的明亮度、物体距离的远近程度以及空间的关系；视觉辨别能力指个体对文字、线条，图形的分辨能力；视觉记忆能力指人脑对视野范围内所看到的物体所能够保存的一段时间的记忆；视觉统合能力指视知觉和个体身体每个部分的细致动作彼此配合的能力；视觉专注能力指视知觉的选择性注意和持续性注意的能力；视觉协调能力指视知觉与听知觉在接受激时，个体身体所能做出相应反应的能力。

二、视觉训练的目标

视觉教育的目标，可以分为对事物的大小、形状、颜色、属性和用途的区分和认知。教育工作者应当以实现这些目标为首要目的，并且开展各种各样的视觉发展培养活动。教育工作者在设计视觉教育活动时，可以只针对上面各目标中的一项，当然也可以针对其中的几项，或者所有的目标，进行相应的活动设计和活动展开。必须要强调的是，教育工作者以培养儿童的视知觉能力为目标而开展的各种活动应该和儿童的生活条件和生活环境密切相关，原因是当儿童处于自己身边熟悉的事物时，开展的相关活动更容易被他们理解并且接受，从而能使他们发觉视知觉是受人的意志左右的，有利于他们进一步掌控自己已经见到、观察到的事物新的属性和特征。在活动中儿童也可以根据自身的爱好，全神贯注地参与其中或者是把目光转向其他没有见过的、好奇的地方。

视知觉是一种直接而简单的刺激，它可以让我们的大脑深刻地记住各种事物并且理解，具体包括：

（1）它能使儿童认识自身的环境，并且记住见到的各种相同或不同的事物。

（2）它能使儿童"找不同"和"找相同"。

（3）它能使儿童认出相近或者相距一定距离的一些事物，然后说出它们的名字以及对它们的特性、形状做一些表述。

（4）它能使让儿童在经历某一事件后，能生动、形象地表述清楚这个事件。

（5）它能激发儿童的好奇心，从而能对日常看到的各种事物进行细心的观察并对它们进行描述。

（6）它能使儿童通过印象和记忆对自己熟悉的房子和环境进行描述，同时尽可能让描述和客观事实相符。

（7）它能使儿童分清楚相关描述颜色的词语并用之描述看到的各种颜色的动物。

（8）它能使儿童说出不同颜色的名称，并且对同一种色彩的不同色差进行辨别和区分。

（9）它能使儿童清楚地分辨出不同的颜色，例如，黄、红、紫、蓝、绿、棕、灰和黑；能运用特别的名词，如土耳其蓝、柠檬黄；能在这些名词前面加不同的形容词"深""浅"，如深蓝、浅蓝。

（10）它能使儿童辨认出不同的事物并且用词语表达自己看到的各种图形的形状，如三角形、圆形、椭圆形、波浪形、短的、长的、直的、弯曲的、曲线、螺旋形、大、小、粗、细。

（11）它能使儿童分清画面内容的主次，并且快速地理解图画或画像。

（12）它能使儿童学会从不同的角度观察事物的方法和思维能力。

三、视觉失调的原因

视知觉失调的原因我们可以总结以下几点：

（1）基因异常。

（2）母体怀孕后期运动不足，影响胎儿前庭觉的发育，间接影响视知觉发展。

（3）没有经过爬行就会走路或爬行较少。

（4）儿童很少户外活动，经常看电子产品，他们的大脑缺乏存储视觉表象的机会。

（5）儿童缺少适量的触觉刺激，如没有直接用手摸过泥土、沙子。

四、听觉的发展

听觉是声波物理特征的反应，是在听觉的基础上，对某种事物发出的声音的感知能力。

（1）听觉专注力：在注意力集中的状态下，用听觉获取信息的能力。

（2）听觉分辨力：儿童接受和分辨各种声音刺激的能力。

（3）听觉记忆力：贮存与回忆所听到的信息的能力。

（4）听觉理解力：将过去获得的信息准确详细地回忆起来，并加以组织，叙述出来，使之有意义。

（5）听觉统合力：把动作和听觉相统一的能力，个体听到指令后能快速用动作表现出来。听知觉系统包括：①过滤系统，主次音的分辨，如母亲在教导儿童的时候尽量不要说太多无意义的话语，用词尽量简洁，因为过多的重复性、无意义话语会破坏儿童的过滤系统，因为太啰嗦的话，儿童听多了的话，就会自动学会屏蔽掉母亲的教导声音，降低母子的沟通效率和破坏彼此的情分；②辨别系统，听觉记忆系统，该系统包含了对不同特点声音的记忆，留存印象；③整合系统。

我们的听觉辨别能力会在移动、触摸、累积多种感觉经验时逐渐发展。辨别功能可以帮助我们更好地了解声音的"内容"与"地点"等细节。这种辨别功能包括：

（1）定位的功能：主体能辨别声音的来源，如朋友的声音或父母的声音，而且主体能够判断出声音和自己之间的距离。

（2）追踪的功能：主体能找到声音来自哪里，如有人在房间里面走动时或者直升机飞过天空时，主体能找出声音的来源。

（3）听觉记忆：主体能够记得我们所听到的内容，如对话内容、指示、功课内容、歌词，然后立即指出这些内容，或是在之后指出这些内容。

（4）听觉排序：主体能够将听到的内容加以排序，并将这些内容以符合逻辑的顺序说出来。

（5）听觉辨别：主体能够比较与区分环境声音的不同，如食物搅拌器与吸尘器的声音。

（6）听觉主题背景：主体能够区分前景与背景声音，有了这种能力，才能听到主要的信息，不会被背景的声音干扰。

（7）听觉连接功能：主体能够将新奇的声音与熟悉的声音连接起来，如听到邻居家新小狗的叫声时，会将这个声音与狗的声音结合起来。

（8）听觉结合：主体属于进一步的能力，主体能够将各种不同的想法统合成为连贯的整体，推断话语的意思，能理解谜语、笑话、双关语，会在课堂上做笔记等。

（9）听觉注意力：主体必须拥有这种能力，才能够维持充足的注意力听老师讲课，或者是听一段对话或故事。主体拥有这种能力，其他的听觉处理能力才能被结合并且利用。

五、听觉失调的原因

（1）儿童缺乏交流机会。

（2）儿童对外面的沟通交流少，看电子产品，独处时间过多。

（3）家长和儿童缺乏倾听声音的习惯。

（4）其他原因：居住环境、工作环境，胎儿听觉神经受损。

如果儿童感觉统合能力失调，如前庭觉的功能发展不完善，耳朵听到的声音根本没有传输给大脑，必须经过家长反复的听觉刺激，才会被前庭觉传输给大脑，这时候大脑才能做出符合家长需要的反应。可见，听觉系统的运转与我们的前庭觉和大脑息息相关。儿童的听觉能力是我们把前庭觉和听觉结合在一起之后才获得的能力，它们并不是儿童出生便自带的。在儿童与现有的生活环境产生交互之后，他们自身会逐渐学习怎样表达自身听到的声音，然后他们会自发地发育出更精密的听觉分辨能力。

如果儿童在发展期视听觉统合发生了问题，就会表现为听觉记忆和视觉记忆很差，在上课的时候儿童难以集中注意力，并且常常遗忘教师的要求，这代表着儿童难以适应良好的课堂环境，久而久之，该问题甚至会影响

儿童的课余生活，儿童会产生心理阴影，打心底怀疑自己的能力，儿童的健康快乐成长将会受到影响。（图5-1）

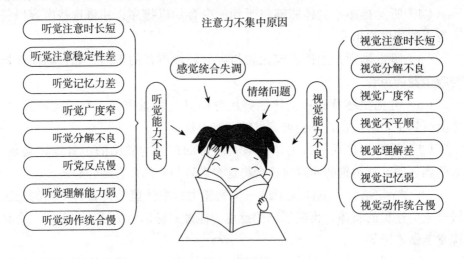

图5-1　儿童注意力不集中原因

判断儿童视听觉统合性（图5-2）时，我们常常判断视觉和听觉的失调表现。

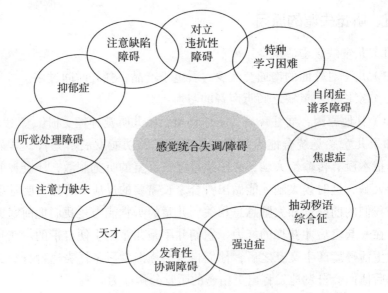

图5-2　视听觉失调表现

视觉负责空间定位、眼球稳定和学习能力。常常看电子产品的儿童并不能说明他们的视知觉有没有失调，视知觉失调具体表现为儿童在写字的时候常常把偏旁部首写反，同时他们在阅读和学习的过程中，常常发生错字、漏字等现象，有时也会发生看过就忘记，或者抄写时漏掉题目、抄写时抄错题目等现象。但是这一现象属于常态，儿童的本能反应包括视觉跳动，儿童的视知觉会慢慢地发展成熟，因为伴随着年龄的增长和他们可以活动范围的增加。视觉不稳定的情况常常出现在患有自闭症的儿童身上，因为这类儿童的视觉发展非常不稳定，他们难以把注意力长时间放在一个事物上面。

听觉负责语言、时间和空间感。表现为听知觉失调的儿童常常在对别人的话语没有反应，并且拿东西时容易遗漏或者找不着，也会常常不记得老师或父母的叮嘱；儿童的注意力难以集中，常常东张西望，记忆力差。儿童的听觉能力比较弱小，难以接受声音大的刺激，如果常常处于吵闹的环境中，非常可能使儿童自发地在听觉上形成保护层，由此很大程度上会导致儿童听力发展困难，脾气古怪，难以记忆等特点，自闭症儿童在这一方面表现得非常明显。

六、听觉失调的表现

听觉失调的表现主要包括以下方面：

（一）听觉过度反应

在长久处于非常吵闹的环境中时，人类的中耳肌肉常常会自发收缩，这样的话就可以阻止声波的振动和传入，这个机制能够保护我们的耳朵不用承受过大的噪声导致耳聋。但是，如果个体自身感到了这个威胁并且采取了措施，如静止不动、逃离等应对措施的话，这块肌肉不会自发收缩。因为在这时，个体需要极其敏锐的注意力来倾听所有的声音。由此可知，拥有听觉防御的个体会一直保持着警觉的状态，他们会不自觉地倾听所有的声音，他们非常容易难以凝聚心神，他们甚至会在听到很常见的噪声时恐慌得全身发抖，他们长期处于高强度警戒的状态，长此以往，这一状态不仅会对他们的语言发展产生阻碍，甚至会对他们的学习和社会交往生活强烈的干扰。

（二）听觉反应不足

如果儿童存在听觉反应不足，那么他们对于轻柔的耳语或是安静的声音都没有反应。相同的，如果儿童对于普通的声音没有什么反应，或者就算有，他们的应答声也会非常轻并且柔和，和在耳边说话的声音大小几乎没有区别。

（三）听觉寻求

如果儿童存在听觉寻求的情况，他们就会显得非常喜欢热火朝天的场景，如游行、赛车。如果儿童非常喜欢待在有着吵闹声音的环境中，他们常常要求把音量调到非常高，并且他们自身也会喜欢会发出吵闹的声音，不能分清环境控制自身音量，如在书房、教室、图书馆等室内环境说话时，他们还是会用"室外的音量"，他们也常常声音很大地唱歌或者拍手。

（四）听觉辨别障碍

如果儿童存在听觉辨别障碍，他们很难辨别话语的相似与差异之处，也会被背景的噪声干扰，很难专注聆听老师说话。他们不擅于聆听，也不擅于阅读，无法解读别人说的话，因此无法遵守别人发出的指令，所以经常让人觉得这类儿童很不听话。他们的表达很不适当，很难参与对话、回答问题，也很难用文字表达自己的想法。

存在听觉障碍的儿童可能会有的反应：他们不明白声音来自哪里，他们会东张西望地试图找到声音的来源；他们分辨声音非常困难以及不能分类对待不同的声音，他们难以分辨相近读音字母的发音，如"b"和"P"。这类儿童难以做到集中注意力去倾听别人的声音；他们会发出很大的噪声，如大喊、大叫，敲击金属发出巨大的响声，他们发现不了自己正在打扰他人；他们记不住自己曾经听到过或者在书中读到的句子，也不能理解这些话，无法集中精神记住那些话；可能经常误解别人的意思，只是听懂了一件或两件事情，而其他的细节都没听懂；在做出回应之前，先看看别人。很难把自己的想法转换为语言表达出来；说话总是"跑题"。他们也在近距离交流方面有着困难：在回答他人的要求和问题的时候常常出现困扰；他们难以把自己的话通过简单的字句让他人明白以及很难把话语连续流畅地说出来，因为在他们的语言表述中常常会出现句法错误和语法错误。他们只能读出个别音调，难以声音很大地朗读或者抑扬顿挫充满感情地阅读；他们在语言表述方面难以清楚地表明自己的想法；但是在经过了训练后，他们的语言能力能够得到改善。

七、视听觉失调的常见家庭原因

视听觉失调的常见原因主要包括以下几点：

（1）家长对儿童常常存在过度的保护情况，孩子的活动范围变小，这会使得孩子不能接受更多的外界信息。

（2）父母非常繁忙，他们能够陪伴孩子的时间和活动少，这会导致孩子的右脑感觉器官受到的刺激不够。

八、视听觉训练目标

设计及视听觉训练活动的基础目标包括：

（一）调整和打造基础能力

通过视知觉和听知觉感觉统合活动设计的基础训练，能够调整运动的八个功能，即速度、平衡、变化、松懈、方向、韵律、肌力、协调，使机体的能力通过锻炼得到提升。

（二）改善和加强基本能力的掌握

在基础视听觉活动的训练之后，加上大脑整合、手眼协调、双侧协调、球类运动、运动计划以及高视知觉和手部肌力等的训练，可以提高个体的专注力和学习能力。

（三）全面提高内在成就动机训练

在把前面两个阶段活动训练建立起来的能力变成平面能力之后，需要通过系统化的教导，提高儿童的记忆力、注意力、学习能力、个人目标、人际交往、互动合作、社会自理和语言发展等能力，在此过程中需要家长进行配合，检查活动的效益和可行度等，实现儿童的全面健康发展。

（四）完善和发挥感觉统合的功能

组织的功能。个体的身上有着不同类型的感觉器官，它们可以把外界各种各样感觉刺激传输到我们的大脑中，这些感觉刺激有着各自的传递通道，如果个体想要利用这些信息顺畅地开展活动，大脑就必须处理好这些感觉器官传递出的信息。大脑一边对这些感觉刺激做出相应反应，指导控制个体；一边需要对各色的感觉信息做统一结合处理。只有大脑能够把这些信息协调恰当，传输通道顺畅，个体的神经系统才能通过这些的感觉刺激形成动作、认知等各种适应性动作。这就是感觉统合的组织能力。

检索的功能。人脑的意识水平是有限的，它不能对输入人脑的各种各样的感觉刺激全部做出相应指令。因此，人脑只需要在感知觉统合中把各类信息里面最重要、最有用的那部分搜索出来，并加以运用，只有这样，大脑才能对整体统合过的主体信息进行更为及时和准确的反应。

综合的功能。个体的感觉是分散并且局部的，但是个体所处的外部世界经常是用整体的形式展现出来，因此，感觉统合的功能就是把各种感觉统合起来形成整体。例如，人是如何形成对单个水果的认识的呢？实际上，人对那个水果的感知是由嘴巴、眼睛、鼻子、手指和关节等不同的感觉器官一起形成的。

保健的功能。如果个体的感觉统合发展得很健全，那么儿童就可以很好地适应生活环境，从心底产生满足、胜任等有利于个体身心健康的情感。

教育工作者可以利用丰富的环境刺激，激发儿童的主动性和积极性，促使儿童自主地探索环境、适应环境，在这个过程中，发挥了脑的潜能，儿童的脑神经系统可以获得发育，能够成功地发展儿童的视听觉能力。此外，视听觉训练也可以发展儿童的智力；它可使特殊儿童，如自闭症儿童，以及其他感觉统合失调的儿童慢慢地融入正常的教育环境；视听觉训练可以增强儿童运动次数，加强儿童的体质，提高儿童的视、听、读、写等语言能力。视听觉训练对儿童的心理发展也有着非常深远的积极影响，它有助于保持儿童愉悦的心情，使儿童获得良好的情绪体验；有助于儿童集中注意力以及帮着特殊儿童适应环境树立信心。

第二节　儿童感觉统合之视听觉活动的过程

感觉统合活动训练，指根据儿童的神经发展规律，提供前庭觉、本体觉、触觉和视觉听觉等刺激的全身运动，它可以引导儿童对感觉刺激做出恰当反应。其根本目的不是加强儿童的运动能力，而是改善儿童大脑处理感觉资讯的速度和方法，从根本上发展和健全儿童脑功能的神经功能。感觉统合活动训练的重点是给儿童视觉、听觉等方面的多种刺激，过程是把这些刺激与运动相结合，实现儿童身心的全面健康与发展。

一、视觉活动训练的类型

视觉活动训练可分为两个类型：第一种是让儿童看到一些事物，在此过程之中，他们必须说出这些事物的名称、大小、颜色和形状；或者让他们看两件很像的事物，让他们发现并说出它们的不同点；让他们看同一个事物的两种状态或类型，如这两个不同状态的大小、形状都一样，只是色泽不一样，让儿童说出它们的相同点和不同点或者让儿童按顺序排列物体；或者让他们将相同或不同的物体进行形状的分类，如球体一类、金字塔形一类、立方体一类；给出颜色和质地相同或者是这两个地方不同的事物，让儿童描述出这些物体的相同点或者是不同点。第二种是让儿童动手裁剪或者画某一类事物，这类事物的大小、颜色、形状甚至质地都由教育工作者提前和他们说明，通过这样的活动，可以让儿童创造性地表达自己的想法和观点，并且各个感官之间的配合和协调是导致儿童认识和理解客观事物的重要条件。

个体的视知觉发育，以及对距离的估算对他们的生活有非常重要的影响。婴儿在很早的时候就会通过一次次的失败明白，自己身边的哪些物体是他们能够得拿的，哪是他们不能够拿到的。虽然儿童常常举起手臂试图抓住一些自己能看到的东西，但是最后他们会发现无论他们怎么摸索都抓不到。总而言之，培养好儿童的距离观念才能够解决好个体生活中面临的各种问题。距离估算是儿童自身经过不断的训练才学会的东西：他们经常跑得精疲力竭，但是没有办法到达目光所及的终点。距离的估测则是个体在持续地更改自己视觉估算错误的基础上实现的，儿童必须在尝试之后经历很多次失败，才会发现自己目光所及的事物摸不到，因为儿童的神经得到长时间的发育，儿童的距离估算误差慢慢减小，直至最后，儿童发育成熟，不存在误差现象。

在看到某一类事物的色泽时，需要儿童明白三点：①颜色的亮度，如明暗区别；②什么颜色，如蓝色或者绿色；③颜色的深浅，如这种有颜色是基本的颜色还是几种颜色混合而成的。亮度是颜色明暗区别和颜色被观察的重要决定因素。儿童常常比成人更加偏爱某部分色彩。所以，当给儿童准备衣物或者布置教室或者房间时，在选择教科书和在购买儿童读物时，尽量选择一些儿童喜欢的、轻快、活泼、亮丽的颜色，尽量避免儿童不喜欢的暗淡无光的颜色。在中小学校服方面，常常是传统颜色，它们与儿童喜欢的色彩是完全不一样的；儿童极其喜欢亮丽的红色，温暖的黄色或者充满生机的绿色。个体儿童阶段喜好的色彩和原始时期人类的喜好非常相近。一般而言，儿童从 2 岁开始就能分辨清楚下列颜色：红色、橙色、黄色、绿色、蓝色、紫色、灰色、棕色、黑色和白色。儿童从 5 岁开始，才能表述出两种色彩间名称，如海蓝色、淡紫色、靛蓝色、天蓝色、石榴红、黄褐色，并且根据颜色的浓淡、深浅顺序排序。儿童会在一样的颜色前面加上不同的形容词，如淡绿、墨绿，在这个阶段的儿童也能对不同颜色的深浅进行比对，如更深的、更浅的。因为暗色调的颜色更重，所以它会让看到的人感觉到心情沉重，也因此，浅色系带来的轻松感觉对儿童产生吸引力。

4 岁之前的儿童难以分辨清楚一样的色彩但是不同色泽的细小区别，但是，如果可以对儿童展开恰当的训练，是能够让儿童区分细微区别的，所以，我们需要正确认识到视觉统合教育活动训练对儿童成长及发展的重要性。如果儿童缺乏视觉统合活动训练，他们在分辨物体大小、形状和色泽等方面会受到限制，这就是儿童视觉敏感性受限。

儿童应该明白不同颜色都有所代表的象征性意义。但是由于儿童年龄过小，难以理解特定颜色所代表的含义。因为他们只有具备抽象、概括的逻辑思维能力才能懂得现有的文化背景下颜色象征含义。儿童只能简单地理解不同颜色的意义，一般情况下，他们在绘画的时候，能够用橘黄色表达轻松愉快的心情或者氛围，并且他们用黑色来表达恐惧，他们在画邪恶角色时，如妖怪、女巫，就会自发地使用黑色。同时，他们认为黄色代表光明，他们总爱涂上黄色来表示太阳。蓝色总是和天空或者湖水联系在一起。有时，儿童绘画时，他们并不会注意颜色的表征意义，他们时常使用固定的颜色画某个物体，如，儿童在描绘天空的时候喜欢使用蓝色的颜料，描绘草地时喜欢使用绿色的颜料，这说明儿童只能通过视觉经常看到的色彩加以描绘，难以明白各个颜色的更深层次的意义。

运用视觉通信对于科技繁盛的现代非常常见，它已经覆盖了我们日常生活。因此，教育工作者或者父母需要在儿童尚小的时候对他们展开培育工作，使儿童能够健全发展，在面对发达的科技手段时能够受益而不至影响自身的发展。父母或者教师在对儿童进行教育训练时，要选用能使他们的感觉器官做出积极反应的刺激，并且要遵照循序渐进的原则，只有这样，孩子才能明白这些感觉刺激所蕴含的积极意义，而不是成为这些刺激的被动接收者。

3～4 岁的儿童专注力大大提升，他们已经能集中注意力。所以，教育工作者或者父母需要让儿童学会用笔勾画出各种不一样的线条，教会儿童分辨种种条纹如木材、大理石的花纹以及教会儿童观察花草、昆虫和矿石等。

我们需要让儿童明白,人类的两只眼睛不仅是用来看的,还可用于细致的观察。只有通过观察,儿童才能清楚地认识外界事物。让儿童学会观察的第一步就是教会他们把注意力集中在他们自身感兴趣的事物上,因为观察也代表着选择,只有观察才能使孩子感受到周围一切具有生命力的各种事物,对儿童而言,观察具有意义。

儿童在学会抽象思维前,要脱离感官世界是不可能的。学会了抽象思维,童年早已成为过去。无论是传播文化还是开展教育工作,视觉活动总是必不可缺的。在对儿童进行教育时,为了取得良好的教育效果,教学方法一定要生动、活泼、多样化,教师的语言要非常形象化。

二、视觉训练活动案例

感觉教育练习应该以简易的视听知觉为第一阶段,随后发展到更加深层的程度,在这个过程中教育工作者应当遵循序渐进的原则,并且让儿童的多个感受器官统合发展。例如,在第一步视知觉活动中观察橘子时,首先观察它没有成熟时的绿色,然后观察它熟了时的金色,其次儿童用手指触摸手感受橘子的手感,最后利用味觉器官品尝它的苦涩或香甜,只有这样,儿童的脑海中才会形成关于橘子颜色、硬度、味道以及成熟与否等相对完整的概念。

视觉器官可以帮助儿童辨别不同的颜色。其实颜色的词语还有很多,不只我们常常听到的常见颜色。许多新的颜色是由常见的那几个颜色混合而成,下面是一些常见颜色和它们的细分种类:

蓝色可以细分为浅蓝、深蓝、普蓝、蔚蓝、瓦蓝、海军蓝和孔雀蓝等。

红色可以细分为深红、浅红、洋红、朱砂、品红、砖红、草莓红和石榴红等。

黄色可以细分为淡黄、铬黄、橙黄、藤黄、土黄和黄铜色等。

绿色可以细分为浅绿、深绿、嫩绿、茶绿、森林绿、青果绿、苹果绿、灰湖绿和铜绿等。

紫色可以细分为淡紫、深紫、浅灰紫、缬草紫、锦葵紫、薰衣草紫和紫罗兰色等。

灰色可以细分为浅灰色、深灰色、铅灰色、蓝灰色和灰黑色等。

棕色可以细分为褐色、浅栗色、深栗色、可可色、咖啡色、亚麻色、茶色、朱砂色等。

黑色可以细分为浅黑色、深黑色、乌檀色和烟黑色等。

（一）适合4岁儿童的活动

首先，准备若干个不同颜色的气球，有红的、黄的、蓝的和绿的，再准备若干根扎气球用的绳子，绳子的颜色和气球的颜色一样。然后再准备4根用来捆扎气球的木棍，捆扎好的气球放在教室的一角。儿童一进教室，就开始看那些气球。他们会很快发现，有的气球是同一种色彩的，有的则属于不同的颜色。接下去将气球分给儿童，一人一个，然后让手持同一种颜色气球的孩子站在一起。如果有孩子站错了位置，让他纠正过来。教室里有四组手持不同颜色气球的孩子。

其次，让儿童看扎气球的细绳和气球的颜色一样：红色的、蓝色的、黄色的和绿色的。

再次，告诉儿童，教室里有4根漆成4种颜色的棍子，让儿童将手中的气球捆绑在相同颜色的棍子上。

气球捆绑好后，就开始做词汇练习，让孩子们说出每一组气球颜色的名称：一组气球是蓝色的，一组是红色的，一组是黄色的，最后一组是绿色的。

这项活动也可以创新形式，让儿童穿上红、蓝、黄、绿四种颜色的衣服，让穿红色衣服的儿童拿着红气球，穿其余3种颜色衣服的儿童拿与他们衣服颜色相同的气球。接下去再进行上面讲到的游戏。

（二）适合6岁儿童的活动

让儿童说出自己周围经常见到的花的颜色，再让他们把这些花采下，带到教室里来。然后让儿童根据颜色把花分成若干类。分好不同类型之后，再让儿童观看每一类花之间有什么细微的差别，如红色一类花中有什么不同，玫瑰红色的、黄色的、紫色的各种花之间有什么细小的差异。

（三）适合10岁儿童的活动

10岁的儿童已能认清每一种色域内具有细微差别的颜色。教师可以将上面列出的相关颜色的词汇表交给孩子，让他们根据词汇表上的颜色找出实物（一般可在杂志上或报刊的广告栏里寻找）。找到后将它们剪下来，拼凑成一张完整的色谱图。这项活动比较费劲，也需要一定的时间，一般需要几个月，可由儿童分组进行。

（四）同一种颜色不同色调的辨别

在进行上面讲到的这个活动时，也可以让儿童去寻找颜色相同但色调不同的实物，再拼凑起来，组成一种颜色的色谱。在进行这种活动时，要让儿童学会运用修饰颜色的各种形容词，如深（蓝）、浅（蓝）、暗（红）、粉（红）、墨（绿）、淡（绿）、老（黄）、淡（黄）、靛（蓝）、天（篮）。在进行活动时，也可以让儿童根据教师的要求寻找由几种颜色混合起来的颜色的实物。

设计球类游戏时，可以设计如下几种活动：

（1）接力气球：儿童手里拿着气球吹成的软软的棒子，让儿童对着空中的气球通过敲击使他们移动到游戏开始前规定好的距离。这项活动可以提高儿童视觉感受器官的感受能力，并且有利于发展儿童对于空间距离远近的判断能力。

（2）视动练习：教师要求儿童站在训练墙的前面，设计好的训练墙壁上会随机出现不同颜色的色块，儿童需要用网球拍或者手伸到墙壁上触碰。这项活动有利于训练儿童对于视觉动作的反应速度。

（3）抛接网球：儿童手里拿着网球，需要儿童把网球丢出去，然后两只手合在一起拍一下。活动要求：在接到网球之前要尽可能地多拍几次手掌。该活动设计有利于提高儿童对于空间判断的能力以及他们自身的身体协调能力。

（4）拍气球：活动要求是让儿童不间断地拍气球。在练习开始之前，需要教师提前做好示范动作和教导技巧。该游戏有利于提高儿童的手臂和眼睛之间的协调能力。

（5）敏捷球：该游戏需要教师和儿童面对面站立，然后轻柔地把将敏捷球放在两个人中间的位置。活动要求是儿童必须以他所能达到的最高速度抱住球，然后把它放回原来的位置。这项活动有利于提高孩子的应变能力。

设计涂鸦游戏时，儿童需要在写字之前开展相关的基本训练，而涂鸦正好是其中之一，因为它可以非常简单并且高效地训练儿童的手臂和眼睛之间的协调能力。

基本教学目标：第一，建立起儿童的手指握笔能力；第二，让儿童学会控制用笔力量的大小；第三，让儿童学会控制手腕的运转；第四，加强儿童自身对于运笔速度快慢的控制；

训练点：黑板、墙壁、桌面、纸面。

注意事项：儿童在训练的过程中摆动胳膊的距离必须大于超过他的中心位置。

涂鸦要求：线条要笔直而流畅，可以简单控制线条的长短，减少线条的转折点。

设计点间连线游戏时，教学目的：儿童需学会调节落笔的劲道和力道，给儿童树立终点的概念以及建立孩子由点连线的概念，增进孩子对平面图形的理解。

训练过程：

（1）第一次学习连线的儿童要从粗粗的点之间彼此相连，两点之间的距离最好短一些。

（2）如果儿童在练习过程中难以运笔和握笔，在练习过程中，教师应当重视两点距离长短为主要训练内容。

（3）运笔时要灵活变换方向。

虽然说提升儿童的学习能力是解决学习障碍的有效方法，但是教育工作者也必须注意教材的难易程度和儿童的能力是否匹配，这是活动训练能否成功的关键。

设计着色游戏时，教学目的：它是涂鸦训练的下一级训练，它有利于让儿童树立边线、角落、范围的概念。

训练要点：儿童在练习着色的时候要尽量建立起描画图像边界的能力以及树立有填充补足空白地方的想法。

训练过程：

（1）儿童必须首先看整块图片来了解需着色的大小。

（2）需要建立描画界线的概念。

（3）树立描画边界的能力。

补救方法：

（1）如果儿童的落笔重量前后不一致，可以进行的训练有提软球、捏黏土和握单杠。

（2）如果儿童不能很熟练流畅地运笔，可以进行的训练有甩绳、拍球、双手绕圈和丢接球。

训练总结：着色训练的主要目的是锻炼运笔的能力，使儿童运笔更加规律化。

设计剪纸游戏时，教学目的：①促进儿童的双臂和视觉协调；②促进儿童的双臂的协调；③提高受训者人视觉专注能力；④给受训人树立建立分辨和认识范围、边线 的概念。

训练要点：按顺序练习。

训练内容：剪直线：细而短、粗而短、细而长、粗而长；剪曲折线：按从小到大的顺序剪，剪常见图案。

训练总结：儿童在剪纸过程中，必须注意是否使用正确的方法握着剪子，剪刀的运用是不是得心应手，剪刀与纸的本身是否垂直。剪纸活动是需要高技巧的手臂、手指和眼睛相协调的活动，它有利于提高儿童的眼睛专注力，同时对于增加受训人的视觉广度非常有益。

另外，迷宫是有关视觉光度的训练，是上述四项活动训练的延伸活动，它有利于控制落笔速度，有利于主体方向感的建立，有利于主体建立起终点的概念。

训练内容：活动主体在活动开始之前要有给两个孤立的点进行连接的能力；在训练中，应当先练习简单的迷宫，再练习较为复杂的迷宫。

训练要点：要求受训人走到终点，记录到达时间的长短，记录受训者是否触碰界限，记录受训人走到岔口处之后折返次数以及儿童有无走回头路的现象。

补救办法：①如果受训人常常触碰到边界线，说明儿童的运笔能力控制不好，因此可以进行拍球训练或者双手绕圆训练；②如果受训儿童在入口很多的地方常常走进去之后又返回，这就说明儿童的视觉宽度过于狭窄，可以进行丢接球训练，提高他的视觉广度。

总结：关于迷宫的活动训练有利于发展受训人的视知觉宽度，对常常在书写、读书、计算和小结时，容易出现漏题或者缺字的儿童，非常有帮助。

设计配形板游戏时，教学目的：加强眼睛对不同形状的分辨和认识，加深活动主体对各形体外缘和边角知的认识，这一训练有利于手指操作实体的灵活度和手指和眼睛的协调能力。

训练要求：儿童选出合适的形体，然后在多面形体中选出合适的一面，会做嵌入的动作以及能辨识、选择正确的位置。

总结：儿童对于形体的分辨能力和手眼的协调，是他为写字能力打下的基础。

设计图形箱训练游戏时，教学目的：有利于发展儿童左右手的双协调能力，有利于锻炼双手的翻转能力，有利于锻炼儿童的手眼协调能力以及增强个体的眼睛专注力。

活动过程：通过儿童手指的触摸感觉刺激，能够加深儿童对形体的认知；在活动过程中要求儿童能翻转图形箱，找出匹配的形体，并且把该形体以正确的角度从洞口放入。

总结：图形箱属于上文提到的配形板的延伸训练，它可以帮助儿童将对平面的图形的认识，转化为对空间形体的认识，这项训练有利于提高儿童的辨识能力和眼睛的专注力。

设计串球训练时，教学目的：发展肢体和眼睛的协调能力；在活动过程中可以通过手指拉线的动作促进儿童手臂的伸展能力发展以及双手协调能力。

活动过程：这项活动需要儿童找出线头和能出线条的洞口，然后能把线头插入洞口，最后把线头拉出。

总结：这项活动的持续练习，有利于增加儿童专注力以及建立双手的手眼协调能力。

设计丢接球游戏时，训练运用于 1～3 岁的儿童间。当儿童 1 岁时，父母可以把直径差不多是 20 厘米左右的软球，放在儿童的面前，并且鼓励他们伸手把球抱在怀里；当儿童 2 岁时，父母可以和儿童玩更远距离的丢球游戏，即用更大的，约 20～30 厘米的软球，父母和孩子大约隔着 2 厘米坐着，掏出一个球，然后彼此互传；当儿童 3 岁时，父母就可以玩更高一级的活动了，父母和孩子相距 3～5 米，用互相在地上丢滚球的方式来玩耍。传球小游戏有利于提升儿童视追的协调性，同时它对儿童深度知觉等感觉统合的发展具有良好的作用。

设计找不同游戏，活动项目适宜约 3～4 岁的儿童，父母需要选取一些具有相似性的刺激物，如"己"和"已""往"和"住"等词卡，或者进行找不同的小游戏，让儿童"找茬"，活动难度的选取取决于儿童的视觉辨别能力，该活动趣味较强。这项活动有利于发展儿童对细节的发现能力，发展视觉统合并且提高专注力。

三、听觉训练活动案例

关于听觉的训练，我们总结以下几种：

（一）听觉训练的第一阶段——听觉感知能力训练

听觉察知能力是最基本的听觉能力。听觉察知能力训练主要分为无意

察知和有意察知两个部分。（图 5-3）

图　5-3 听觉感知能力训练

无意察知指没有任何目的注意。无意察知的训练内容，见表 5-1。

表 5-1　无意察知训练内容

训练阶段	内容类型	要求或内容
无意察知	音乐声	节奏感强
		主频特征明显
	环境声	动物声
		自然环境声
		日常生活声
	言语声	儿童歌曲
		童谣

在无意察知的活动设计中，它不需要儿童付出任何意志参与努力的注意以及做出任何的特定反应。

第一类训练：视觉和听觉刺激诱导儿童兴趣，给予声音刺激儿童的兴趣等。

训练目的：让儿童在观看动画的同时无意识地倾听声音，逐步形成对声音的兴趣。

训练准备：视频、动画材料。

训练方法：教师准备视频动画。教师播放多媒体材料，并在播放过程中带动儿童一起随音乐节奏摆动，或由教师带着儿童一起模仿部分动作。关掉视频单独播放声音，让儿童倾听并随音乐摆动，在播放到特定动作环节时，提醒儿童表演相关动作。

注意：要诱导儿童听取声音信息，避免儿童只注意视觉刺激。

第二类训练：随意敲打法。

目的：诱导儿童建立起动作和声音的对应关系，从而达到倾听各种不同声音的目的。

准备：多种打击乐器，如鼓、三角铁；可用于敲打的物体，如积木、鼓槌。

方法：教师带领儿童随意敲打能够发出声音的物体，并使用相关的拟声词提示儿童有声音。教师模仿某种声音，然后带领儿童敲打相关的物体。

注意：小心放置物品，小心儿童敲打到易碎危险品。

有意察知：指的是提前有预谋的以及需要意志参与并努力的注意。有意察知训练内容见表 5-2。

表 5-2　有意察知训练内容

训练阶段	训练内容		
有意察知	滤波复合音乐声		低频：长号声等
			中频：长笛声等
			高频：圆号声等
	滤波环境声	交通工具声	低频：火车等
			中频：飞机等
			高频：警车等
		动物声	低频：老虎等
			中频：青蛙等
			高频：老鼠等
	不同频段言语声		低频：m 等
			中频：a 等
			高频：s 等

在有意察知的活动设计中，儿童提前注意并且发挥自己的意志作用，主动提取刺激，并且做出相应反应。

训练方法：听口令占领座位法、倾听声音寻找路线法、根据声音丢圈圈法等。

第一种训练方法：听声套圈法。

目的：借助发声工具，要求儿童根据声音的有无套圈或不套圈。

准备：发声玩具、乐器或多媒体设备以及套圈和柱子底座。

方法：示范听声套圈。教师坐在示范者侧后方，用发声玩具、乐器或多媒体设备给出主频特征明确的声音，示范者把一个套圈套在柱子上；教师不给声，示范者不做任何动作。儿童理解后，教师坐在儿童侧后方，用发声玩具、乐器或多媒体设备给出主频特征明确的声音，儿童根据声音的有无，把套圈套在柱子上或不作反应。声音的大小和频率可根据儿童情况而变化。

注意：准备的套圈孔大小应该和儿童的年龄相适应，这样有利于儿童的抓握；在活动过程中尽量减少其他感觉刺激，尽可能让儿童仅对视觉刺做出相应反应；在活动过程中尽可能使用能简单控制音量的设备。

第二类训练方法：听声走路法。

目的：借助发声工具，要求儿童根据声音的有无走路或者止步。

准备：发声玩具、乐器或多媒体设备。

方法：示范者带领儿童前后站好。教师站在他们看得到的地方，用发声玩具、乐器或多媒体设备给出主频特征明确的声音，持续给声，示范者带领儿童持续往前走；停止给声，则停止走路。儿童理解后，示范者撤出。教师站到儿童看不到的地方，用发声玩具、乐器或多媒体设备给出主频特征明确的声音，儿童根据声音的有无走路或不走路。

听觉训练应当遵循由浅入深、先易后难的循序渐进原则，教师应当根据儿童的实际情况选择训练内容，同时结合语言游戏、发音，形成完整的活动设计。

（二）听觉训练的第二阶段——听觉分辨

个体在获得了能够判断声音存在与否的听觉察知能力的基础上，随后应当发展听觉分辨能力。这项能力是个体的大脑能不能真正了解和明白声音的起步阶段。为了帮助儿童明白不同声音的来源，教育工作者必须训练儿童的听觉分辨能力，训练的要求是儿童必须能够在隐约听到声音的基础上，辨别声音的来源。这项训练有利于为儿童的视听知觉辨别能力打好基础。

听觉分辨包括综合分辨和精细分辨两种类型，综合分辨是通过时长、强度、频率等多维度的差异分辨声音相同或不同的能力；精细分辨：通过时长、强度、频率、节奏（语速）等多个维度的差异分辨声音相同或不同的能力。

第一类训练内容：环境声、言语声。

方法：图文分辨法，通过图片和文字辨别声音的相同与否。

（1）教师或者父母按顺序展示图片（狗－鸭）并模拟发出动物叫声（汪汪汪－嘎嘎嘎），随后向儿童提问"是一样的声音吗？"（区分声音—不一样）。

（2）教师或者父母按顺序展示图片（狗－狗）并模拟发出动物的声音（汪汪汪－汪汪汪），随后向儿童提问"是一样的声音吗？"（区分声音——一样）。

（3）教师或者父母展示两张空白的图片（没有任何提示），给出两个声音，让儿童区分"一样"与"不一样"。

训练分为三种类型：

第一种是听知觉反应训练，儿童趴在软垫上面，教师使用哨子或口令等不一样的发声工具发出信号，儿童根据特定的信号完成事先规定好的动作，如坐立、起立、跑。该训练能有效提高儿童的反应速度和听觉感受能力。

第二种是听动练习训练，儿童站在训练墙的前面，在游戏开始前听 5 种乐器弹奏发出的声音，这些声音同时代表 5 种不一样的颜色，在活动过程中儿童需要分辨是哪一种乐器的声音，并且寻找相对应的颜色。这个活动可以提高儿童面对刺激时的听知觉的提取速度，而且训练视听觉统合，有利于儿童的大脑对刺激物的信号提取和反应速度。

第三种是寻声觅物训练：儿童背对着教师，教师悄悄地在一个隐蔽的角落放置手机或者音响，藏好之后教师叫儿童听音辨位寻找发声物体。这项活动训练有利于儿童建立听视与知觉间的联系，并且促进儿童听知觉发展。

训练方法包括以下几种：

（1）数字串训练法：让儿童不停地陈述不一样的杂乱数字串来提高儿童对数字认识的清晰度，在训练的过程中需要注意儿童所说的数字串是否有漏、增以及颠倒错位等现象，这项训练有利于提高儿童的语言表达能力和听觉辨识能力。

注意：数字串的要比实际年龄多一个字符。

（2）儿歌训练法：该训练法需要通过短句刺激儿童的听觉器官，在训练的过程中注意选取顺口的儿歌激发儿童学习说话的欲望；注意选取短文提高儿童唱读的能力。

注意：训练的次数可以由少慢慢增多，经常增加儿童的韵律感；如果一边运动，一边学习儿歌，更有益于刺激儿童的听觉功能。

（3）诗词背诵训练法：一是父母或者教师背诵诗词刺激儿童的听觉功能，锻炼儿童的韵律感，节奏感；二是让儿童自己主动学习古诗词，并且能够言语清晰、流利，并且标准正确地读出汉字的音节。

注意：可以倾向于选择不喜欢说话的儿童，这样他们经常性地被诗词刺激，能够让他们变得兴奋并且愿意说话。

（4）组词、造句、短文、搭配和看图说话训练：这项活动可以锻炼儿童的倾听能力以及瞬间听音能力和记忆量。

注意：

①如果儿童的发音不够清晰时，可以通过翻滚、推拉小推车来进行训练。

②如果儿童的发音的音量不够大声时，可以通过跳绳和仰卧起坐来训练。

③如果儿童表述的句子长度不够时，可以锻炼儿童多听、多唱、多说以及做细致的动作。

以下三种训练方法有利于提升听力能力。

（1）听觉记忆广度的训练方法：复述数字或字母。家长可以根据儿童的能力，随机的选择一组数字，让儿童复述，由易到难。例如，一开始记住4个数字，通过一段时间的训练，儿童基本可以完整的复述后，父母就要增加难度了，调整到5个数字，这样循序渐进的一个过程。运用同样的方法，家长还可以复述字母、字母和数字混合。需要注意的是，训练时，设置的复述题目越没有规律，对儿童的挑战就越大，长期训练会获得很好的效果。

（2）听觉分辨能力训练方法：听音找差异。父母给儿童读两段相似的句子，让儿童指出其中的不同。比如，句1：生活在森林里的植物和动物享受这大自然赐予的雨露和阳光，它们可以自由地生长。句2：生活在森林里的植物和动物享受着大自然赐予的雨露和阳光，它们可以自由地生长。这两个句子极其相似，仅仅只有其中一个字的音节不同，它需要儿童仔细倾听，分辨其中的不同，这项活动有利于儿童集中注意力，锻炼他们的听觉分辨能力。

（3）听动协调能力训练方法：听音打节拍。父母跟儿童制定好规则，数1～50，末尾是1的拍1次手，末尾是2的拍2次手，末尾是3的拍3次，是4的不拍手；也可进行更高难度的"反指令游戏"，家长说站着，儿童蹲下，家长说前进，儿童就后退。

训练活动包括以下几种：

（1）听大自然的声音：这项活动适合6个月～4岁大的儿童，父母可以在节假日期间和儿童一起在户外活动，或者参加教师组织的相关的亲子活动，让他们在大自然的条件下领悟自然的神奇和奥秘，如风刮过的声音、鸟儿鸣叫的声音、青蛙的呱呱声。父母可以买一些收录了有关自然声音的CD盘，播放出来鼓励儿童了解这些声音。这项游戏训练可以给孩子在亲近自然方面凝聚专注力，加强儿童对不同声音的感知能力。

（2）听指令做动作：这项活动适合1～6岁的儿童。父母或者教师可以对1～3岁的儿童做出一些简单的活动规则，如抬手、抬脚，然后指导儿童做出来。父母可以指导3～6岁的儿童，教导他们做出和指令恰恰相反动作：第一种是父母跟孩子说要举起右手臂，然后孩子要举起左手臂；第二种是教儿童用右边的手掌盖住左边的眼睛，然后孩子应该进行的动作是用右手捂住左眼。这类活动训练有利于提高儿童的学习能力和听觉能力的发展，并且可以对他们的视听觉统合的能力有所提升。

训练游戏包括以下几种：

（1）声音动作协调游戏。父母或者教师可以和儿童进行一些常见的口令游戏，如"萝卜蹲"。游戏参与者分别代表红萝卜、绿萝卜、白萝卜，然后编一段口令，如"绿萝卜蹲、绿萝卜蹲，绿萝卜蹲完白萝卜蹲"，儿童需要在口令念到自身时及时配合蹲下。这种游戏有利于增加儿童听觉专注力，有利于锻炼儿童动作和听觉的协调能力。

（2）音色分辨游戏。父母在互联网上找到助眠的轻音乐，或者日常生活中收集一些经常听到的声音，如各类动物的声音、下雨声、风刮过的声音，然后把这些收集到的声音名称做成卡片，让儿童听声音挑选相应的卡片。在活动过程中，父母可以提供一些奖励给予儿童刺激，加强儿童参与这个游戏的专注力。这个游戏有利于补充儿童大脑中对各种自然声音认识的不足的问题，可以帮助儿童养成在日常生活中倾听各种不同声音的习惯爱好。

（3）故事复述游戏。父母可以让儿童挑一本他喜欢的故事书，事先和儿童约定好，儿童听完这个故事之后需要把这个故事复述给其他人听。在这样的前提下，不仅能有效提高儿童听故事时的听觉专注力，而且能锻炼儿童的口头表达能力和思维能力。如果儿童讲述得好，父母可以提供恰当的奖励增强儿童的成就感和自信心。

若是分场合练习，包括以下几种：

（1）在家中进行的练习。家长可以指导儿童分清楚粉碎机、抽油烟机、洗碗机等机器发出的嗡鸣声，分清楚电脑驱动器和剃须刀的声音，脸盆接水的声音，水龙头的滴水声和下雨时候的声音，等等。

（2）在学校进行的练习。让儿童倾听和分辨出门板被合上的声音、奔跑的声音、大人的交谈声、同伴的哭泣声、翻过书页声、剪裁纸张和撕裂开的声音、铅笔在黑板写字的声音、父母洗衣服的声音、东西掉在地上发出的声音。

（3）在野外进行的练习。让儿童分辨某些自然现象，如大雨、小雨、雷暴雨、风的声音，分辨踩树枝、树叶发出的声音、一般的脚步声、树枝折断的声音、风吹动树枝时发出的声音、流水声（包括渠水、溪水、河水、瀑布等）和大车、马匹以及拖拉机发出的声音。

（4）在海边进行的练习。让儿童分辨强弱不同的海浪声、轮船的汽笛声、摩托艇的声音和用浆划船的声音。

辨别不同的声音的训练，有以下几种方式：

（1）辨别各种玩具发出的声音。例如，气球放气时的声音、气球爆炸声、电动火车声、遥控汽车声、牵引类玩具的声音、电动娃娃声、机械玩具声、棋盘上的棋子落下的声音和冰鞋发出的声音。

（2）辨别交通工具的声音。例如，摩托车、汽车、灭火车、大卡车、公安机车、轿车等车辆的鸣笛声，交通警的哨子声，汽车喇叭声和警报声。

（3）辨别各种乐器的声音。①弦乐器：提琴、吉他、大提琴、低音提琴、竖琴等；②打击乐器：鼓、响板、木琴、小铃铛、沙球等；③管乐器：小号、笛子、单簧管、双簧管和口琴等；④键乐器：钢琴、风琴、电子琴和手风琴等；⑤歌声：独唱、二重唱、无伴奏合唱、合唱、高音和低音等。

在进行练习时，家长或者教师将教室用屏风或帘子隔成两部分，在其中的一部分用上面提到的物体或乐器发出声音。在发出声音的时候，儿童在屏风或帘子的另一面，他们见不到发出声音的物体，每听到一种声音，就让儿童穿过屏风或帘子，寻找刚才发声的物体，并让他们也发出同样的声音。家长可将儿童猜对的次数记录下来，并进行比较，以判断儿童的训练效果。

第三节 儿童感觉统合之视听觉活动的评价

对视听觉训练过程进行评价时，先由教师判断儿童的智力发展水平和感觉失调程度，再有针对性地制作课程，以游戏的形式让儿童参与，开展各种生动活泼的游戏训练活动。在活动过程中，教师或者父母必须让儿童感到开心，而不是产生恐惧、害怕等负面情绪，给儿童选择的权力，让儿童做游戏活动主角，尊重儿童对不同感觉刺激的选择。根据儿童的自主选择，激发儿童对于活动训练的积极性，然后灵活地制定游戏规则，提高儿童的参与意愿。

活动设计得是否成功，实际上取决于儿童的主动性。在活动过程中教师或者父母必须注意儿童在活动中表现出的情绪或行为问题，并且做出恰当的处理。教师和父母在进行游戏活动的时，必须彼此配合，培养儿童的积极主动性，帮助儿童在学习和生活上获得进步。视听觉训练具有非常重要的意义，不仅在儿童的生活中提供各种各样的帮助，为孩子后期成长过程所需要的身体机能打下基础，提高儿童学习知识能力、动作模仿能力、自我调节能力和语言表达能力、不受理智支配的行为和精神分散的控制。如果儿童在成长过程中出现一些难以控制的行为时，比如儿童容易哭闹、好动或者挑食，绝大部分是因为视听觉能力发展不充分、不平衡、不匹配所导致的。如果儿童感觉统合能力发展有障碍则容易出现语言沟通很困难，听觉障碍等表现说明儿童对声音刺激进行过激的反应；有的儿童不喜欢动，而且难以进入睡眠状态，这说明儿童的视听觉发展存在障碍，这些情况将会不利于儿童的身心健康发展，对此他们常常出现难以全神贯注，身体机能发育缓慢、学习成绩落后并且难以提高的情况。因此，视听觉训练是很有必要的，可以帮助儿童在情绪上有所控制和提高，使他们快乐成长。总而言之，视听觉训练不仅锻炼了儿童显性的生理能力，还包括人脑、心灵和躯干之间的相关联系，因此孩子通过相关的活动训练能增强控制自我的能力和信心。

对视听觉训练进行总体评价时，首先评价感觉统合训练是否可以让儿童充分获取感知觉学习，从外界获取信息，大脑统合信息，然后过滤信息、支配信息、反馈信息，大脑做出反应的能力越来越强，也就是学习能力认知能力会相应得到一些提高。其次，评价训练是否让儿童的学习能力得到提升，对儿童认知发展是否有作用。在儿童常常所处的学校环境中，视听觉的重要性不言而喻。研究计算表明，在中学课堂教育体系中，儿童获取的信息70%都是由视听觉获取的，在小学课堂教育体系中，听觉占信息获取渠道的50%，课堂获取知识的程度在很大程度上决定了学生学习成绩的好坏，所以视听觉统合在孩子的社会性成长中的重要性可见一斑。常见的体育活动和视听觉统合训练是不一样的，它可以是游戏，也可以是别的活动设计，它有着具体化、特性化的特征，可以帮助身体内的神经系统进行自我完善。教育工作者需要根据儿童感觉统合失调的情况，设计一系列有针对性的感觉统合活动，发展儿童的感觉统合能力。随着感觉统合失调问题的发现，感觉统合训练活动可以帮助儿童适应复杂的社会生活环境，帮助儿童开发智力水平，使儿童实现全面发展。

参考文献

［1］ JIANG L J，YE M T，LI Z L. Sensory Integration Training Tool Design for Children with Autism Spectrum Disorder［J］. *MATEC Web of Conferences*，2017（104）：3006.

［2］ 陈甘讷，傅桂英，陈希宁，等 . 幼儿感觉统合失调与气质的关系及干预措施探讨［J］. 现代预防医学，2008，35（8）：1434-1436.

［3］ 陈玉茜，单大卯 . 幼儿体育的一个新领域——儿童感觉统合训练［J］. 南京体育学院学报（社会科学版），2001，15（1）：83-86.

［4］ 刘珊珊 . 感觉统合训练对 5～6 岁幼儿体能影响的实验研究［D］. 济宁：曲阜师范大学，2021.

［5］ 余乔艳，邓陈亮，潘小非，等 . 体操类康复体育活动对 3～6 岁幼儿感觉统合失调的效果［J］. 中国康复理论与实践，2020，26（8）：975-982.

［6］ 肖华 . 感觉统合训练在小学体育教学中的应用研究［J］. 科学咨询（教育科研），2021（24）：297-298.

［7］ 陈菲菲，简婕 . 体感游戏提升幼儿感知运动能力的有效策略［J］. 中国教育技术装备，2019（23）：86-88.

［8］ 王君芝，李孟春，何小轮 . 学前融合教育中感觉统合教学方案的制订与实施［J］. 现代特殊教育，2022（11）：68-72.

［9］ 徐君，蔡玉军，马晓然，等 . 儿童青少年基本动作技能、感知运动能力、身体活动的相关关系研究：回顾、解释及启示［J］. 首都体育学院学报，2021，33（6）：686-696.

［10］ 陈琦，刘儒德 . 教育心理学［M］.3 版 . 北京：北京师范大学出版社，2019.